最渺小与最伟大的文学

必知外国文学家2

《中国大百科全书》青少年拓展阅读版编委会　编

中国大百科全书出版社

图书在版编目（CIP）数据

最渺小与最伟大的文学·必知外国文学家：2 /《中国大百科全书》青少年拓展阅读版编委会编 . —北京：中国大百科全书出版社，2019.9

（中国大百科全书：青少年拓展阅读版）

ISBN 978-7-5202-0601-3

Ⅰ. ①最… Ⅱ. ①中 … Ⅲ. ①文学家—生平事迹—外国—青少年读物 Ⅳ. ① K815.6-49

中国版本图书馆 CIP 数据核字（2019）第 208810 号

出 版 人	刘国辉	
策划编辑	李默耘　程　园	
责任编辑	程　园	
封面设计	WONDERLAND Book design 仙境 QQ:344581934	
责任印制	李　鹏	
出版发行	中国大百科全书出版社	
地　　址	北京阜成门北大街 17 号	
邮　　编	100037	
网　　址	http://www.ecph.com.cn	
电　　话	010-88390739	
印　　刷	蠡县天德印务有限公司	
开　　本	710 毫米 ×1000 毫米　1/16	
字　　数	117 千字	
印　　张	9	
版　　次	2019 年 9 月第 1 版	
印　　次	2020 年 1 月第 1 次印刷	
定　　价	36.00 元	

序

百科全书（encyclopedia）是概要介绍人类一切门类知识或某一门类知识的工具书。现代百科全书的编纂是西方启蒙运动的先声，但百科全书的现代定义实际上源自人类文明的早期发展方式：注重知识的分类归纳和扩展积累。对知识的分类归纳关乎人类如何认识所处身的世界，所谓"辨其品类""命之以名"，正是人类对日月星辰、草木鸟兽等万事万象基于自我理解的创造性认识，人类从而建立起对应于物质世界的意识世界。而对知识的扩展积累，则体现出在社会的不断发展中人类主体对信息广博性的不竭追求，以及现代科学观念对知识更为深入的秩序性建构。这种广博系统的知识体系，是一个国家和一个时代科学文化高度发展的标志。

中国古代类书众多，但现代意义上的百科全书事业开创于1978年，中国大百科全书出版社的成立即肇基于此。百科社在党中央、国务院的高度重视和支持下，于 1993 年出版了《中国大百科全书》（第一版）（74 卷），这是中国第一套按学科分卷的大百科全书，结束了中国没有自己的百科全书的历史；2009 年又推出了《中国大百科全书》（第二版）（32 卷），这是中国第一部采用汉语拼音为序、与国际惯例接轨的现代综合性百科全书。两版百科全书用时三十年，先后共有三万多名各学科各领域最具代表性的专家学者参与其中。目前，中国大百科全书出版社继续致力于《中国大百科全书》（第三版）这一数字化时代新型百科全书的编纂工作，努力构建基于信息化技术和互联网，进行知识生产、分发和传播的国家大型公共知识服务平台。

从图书纸质媒介到公共知识平台，这一介质与观念的变化折射出知识在当代的流动性、开放性、分享性，而努力为普通人提供整全清晰的知识脉络和日常应用的资料检索之需，正愈加成为传统百科全书走出图书馆、服务不同层级阅读人群的现实要求与自我期待。

《〈中国大百科全书〉青少年拓展阅读版》正是在这样的期待中应运而生的。本套丛书依据《中国大百科全书》（第一版）及《中国大百科全书》（第二版）内容编选，在强调知识内容权威准确的同时力图实现服务的分众化，为青少年拓展阅读提供一套真正的校园版百科全书。丛书首先参照学校教育中的学科划分确定知识领域，然后在各类知识领域中梳理不同知识脉络作为分册依据，使各册的条目更紧密地结合学校

课程与考纲的设置，并侧重编选对于青少年来说更为基础性和实用性的条目。同时，在条目中插入便于理解的图片资料，增加阅读的丰富性与趣味性；封面装帧也尽量避免传统百科全书"高大上"的严肃面孔，设计更为青少年所喜爱的阅读风格，为百科知识向未来新人的分享与传递创造更多的条件。

百科全书是蔚为壮观、意义深远的国家知识工程，其不仅要体现当代中国学术积累的厚度与知识创新的前沿，更要做好为未来中国培育人才、启迪智慧、普及科学、传承文化、弘扬精神的工作。《〈中国大百科全书〉青少年拓展阅读版》愿做从百科全书大海中取水育苗的"知识搬运工"，为中国少年睿智卓识的迸发尽心竭力。

本书编委会

2019 年 9 月

目 录

普希金

俄国诗人。俄罗斯近代文学的奠基者和俄罗斯文学语言的创建者。生于莫斯科一贵族家庭。父亲曾是一名禁卫军军官，母系家族有非洲血统，是汉尼拔将军的后裔。童年时代，普希金跟随法国家庭教师学习法文，8 岁时就能用法文作诗。同时，保姆对他进行了俄罗斯民间文学的熏陶，从小培养了他对民间语言和口语的热爱。

1811 年，普希金随也是诗人的伯父瓦西里来到圣彼得堡，进入专为贵族子弟创办的皇村学校学习。在那里他认识了一些驻扎在皇村附近的禁卫军军官，当时来往较密切的是卡维林和恰达耶夫，其中有很多人后来成为十二月党人。他们对这位少年的自由思想的形成产生很大影响。在学生时代，普希金就对写作产生了浓厚兴趣。流传下来最早的作品是抒情诗《致娜塔丽娅》

（1813）。1815 年，皇村学校举行公开考试，普希金当众朗诵了《皇村回忆》（1814）一诗，受到大诗人杰尔查文的高度赞赏。1816 年加入在政治上有自由主义色彩、在文学上力求创新的"阿尔扎马斯社"，这个团体坚决反对"俄罗斯语言爱好者协会"的保守倾向。1817 年，从皇村学校毕业，以十等文官的职衔到外交部工作，开始创作长篇叙事诗《鲁斯兰与柳德米拉》，1820 年 3 月完成。作品依据民间传说，运用生动的民间语言，在动人的爱情故事中传达了进步的民主主义精神，突破贵族文学的传统，被认为是俄罗斯诗歌的一个转变。此外，普希金还创作了不少政治抒情诗，如《自由颂》（1817）、《致恰达耶夫》（1818）、《乡村》（1819）等，它们以手抄本的形式在民众中流传，激怒了沙皇亚历山大一世。不久，他被调往南俄任职，实际是一次变相的流放。

在往南俄赴任途中，普希金游历了高加索、克里米亚等地。旅行给他留下的深刻印象，激发了创作灵感。1820 年抵达目的地基什尼奥夫，随后他写下了一系列叙事诗《高加索的俘虏》（1820—1821）、《强盗兄弟》（1821—1822）、《巴赫奇萨拉伊的泪泉》（1821—1823）。这些作品浪漫主义色彩甚浓，充满着对专制制度和上流社会的不公正的抗议和对下层人民的深切同情，在语言上显得愈益紧凑、明快有力。

1823 年，普希金奉调从基什尼奥夫前往敖德萨，开始写作《叶甫盖尼·奥涅金》，完成了第 1、2 两章。任职期间，在一次书信检查中，发现了他甚迷恋无神论学说而受到免职处分，并被押往其父母的领地米哈依洛夫斯克村，交由地方当局和教会监管。有将近两年时间，普希金处于极度孤独之中，只有童年时的奶妈陪伴他。这种孤独处境对他的创作有很重要的意义，使得他再次获得了与生活在农奴制度下的普通人民接近的机会，帮助他重新评估口传民间诗歌的价值。他写成了叙事诗《茨冈》（1824）、历史剧《鲍里斯·戈都诺夫》（1825）、诗体小说《努林伯爵》（1825）和《叶甫盖尼·奥涅金》的第 3～6 章。

1825 年，十二月党人发动起义失败。次年 9 月，新登基的沙皇尼古拉一世赦免了普希金，并召其回莫斯科。但是，宪警们并没有放松对他的监视。在此期间，普希金曾做出过妥协的姿态，希望尼古拉一世能效法彼得大帝，致力于社会改革，重视国民教育，做一个"开明与宽容的君主"。不过，他并未隔断与十二月党人的精神联系，写下了《先知》（1826）、《致西伯利亚囚徒》（1827）、《阿里昂》（1827）、《1827 年 10 月 19 日》（1827）等抒情诗，反映了当时的社会氛围和进步人士的情绪。1828 年 12 月，普希金结识了公认的莫斯科第一美人娜塔丽娅·冈察罗娃，向她求婚未成。他感到忧郁和孤独，遂离开莫斯科再次去高加索旅行。

1830 年回到莫斯科，再次向冈察罗娃求婚并被接受。普希金即将结婚前，父亲把位于下诺夫哥罗德的波尔金诺村的领地送给儿子作为礼物。在他去波尔金诺办理财产过户手续时，恰巧碰上当地发生了一场大瘟疫，交通被封锁，他不得不在那里滞留了 3 个月。这 3 个月是普希金创作的高潮期，后来被文学史家称为"波尔金诺的秋天"。他完成了《叶甫盖尼·奥涅金》的最后两章，创作了一本《别尔金小说集》（包括《射击》《暴风雪》《棺材匠》《驿站长》和《村姑小姐》等），以及《吝啬的骑士》《莫扎特和萨列里》《石客》等数个小悲剧和20多首抒情诗。

1831年2月，与冈察罗娃结婚。同年5月迁居圣彼得堡，仍在外交部供职。这一段时间，普希金奉命编辑有关彼得大帝的史料。在编辑过程中，他被18世纪农民起义的领袖普加乔夫的事迹所吸引，并亲赴奥伦堡一带实地考察与起义有关的事物。1833年10月，回到波尔金诺村，写成《普加乔夫起义史》和以彼得大帝为题材的叙事诗《青铜骑士》，中篇小说《黑桃皇后》《杜布罗夫斯基》，童话诗《渔夫和金鱼的故事》《死公主和七个勇士的故事》等。

1833年，普希金返回圣彼得堡。他与沙皇和宫廷社会的关系愈益恶化。1834年，法国波旁王朝的流亡者乔治·丹特斯男爵来到圣彼得堡，不久就开始追求冈察罗娃。1836年4月，普希金创办《现代人》杂志；11月初收到几封匿名信，对他进行侮辱和攻击。为了维护自己的名誉，普希金向丹特斯提出决斗。决斗于1837年2月8日举行，结果普希金身受重伤，于10日逝世。噩耗震惊了整个圣彼得堡，数万人前来向他的遗

《渔夫和金鱼的故事》插图

体告别。当时一家报纸在发布这则消息时说："俄罗斯诗歌的太阳陨落了。"年轻诗人莱蒙托夫写了一首题为《诗人之死》的诗歌，很快便以手抄本的形式传遍了整个俄罗斯，成为反对恐怖和暴政的一篇檄文。1837年2月17日，普希金被安葬在米哈伊洛夫斯克村附近的圣山修道院墓地。

普希金具有多方面的才华，在诗歌、小说、戏剧和童话等多个领域里都留下了丰富的文学遗产。他一生写下了800多首抒情诗和10多首叙事诗，尝试了各种形式和韵律，其中最为人称道的是爱情诗和政治抒情诗。他的爱情诗语言优美，感情热烈，韵律和谐，主题一般都比较明朗，即便是描写苦恼和忧愁，抒发的也是那种近乎"透明"的哀伤，始终不失美感。他的政治抒情诗积极介入社会，直面人生，敢于抨击专制制度和暴政统治，歌颂自由和民主，在当时代表了正义力量的呼声。作为小说家，他突出的贡献是开创了俄罗斯文学中同情下层人民的传统，对所谓的"小人物"的命运给予了特殊的关注，从《别尔金小说集》到《上尉的女儿》（1836）一直洋溢着深刻的现实主义精神。普希金在戏剧上也有所创新，他的《鲍里斯·戈都诺夫》在场景的设置和时间的跨度上，都打破了古典主义戏剧"三一律"规则的束缚，被后人看作是俄罗斯最好的历史剧。他的童话内容丰富，语言生动，寓意深刻，它们来源于民间，如今已成为俄罗斯民间文化不可缺少的组成部分。此外，普希金还留下了不少政论、文论和书信。

在俄罗斯文学史上，普希金享有很高的地位。他确立了俄罗斯的语言规范，创建了文学语言，被认为是"俄罗斯文学之父"。别林斯基在《亚历山大·普希金作品集》的序中指出："只有从普希金起，才开始有了俄罗斯文学，因为在他的诗歌中跳动着俄罗斯生活的脉搏。"赫尔岑说道，在尼古拉一世统治的"残酷的时代"，"只有普希金的响亮辽阔的歌声在奴役和苦难的山谷里鸣响着。这个歌声继承了过去的时代，用勇敢的声音充实了今天的日子，并且把它的声音送向那遥远的未来"。高尔基认为,"普希金的创作是一条诗歌与散文的辽阔的光辉夺目的洪流","此外,他又是一个将浪漫主义同现实主义相结合的奠基人;这种结合……赋予俄罗斯文学以特有的色调和特有的面貌。"普希金本人则以《纪念碑》一诗自豪地概括了自己的创作的意义:"我为自己建立了一座非人工的纪念碑。"

中国最早翻译出版普希金的作品是《上尉的女儿》,此后他的作品被陆续介绍到中国。《普希金全集》1998年面世,2000年又有两种版本出版。

果戈理

俄国作家。生于乌克兰彼尔塔瓦省米尔戈罗德县大索罗庆采村一个中等地主家庭,卒于莫斯科。父亲是邮政局的退休官员,爱好文艺,写过一些诗和轻松喜剧,在自己的庄园里演出;母亲是虔诚教徒,知书识礼。果戈理的童年在父亲的庄园里度过。在良好的文化环境和丰富的民间艺术的熏陶下,从小就对文艺和戏剧发生了浓厚的兴趣。9岁起进入小学读书。1821—1828年在涅仁高级科学中学学习,学校有许多思想进步的教师宣传自由和个性独立。这期间正是十二月党人活跃的年代,果戈理接受了十二月党人和普希金自由诗歌的影响。这对他的世界观和文艺思想的形成具有决定性的作用。

果戈理从中学时开始写作。他的第一首短诗《意大利》发表在1829年3月号的《祖国之子》杂志上。第二首是长诗《汉斯·古谢加顿》,1829年6月自费出版。因长诗受到批评,作者自己把存书全部焚毁了。中学毕业后,果戈理带着"为国效劳"的愿望来到圣彼得堡。然而在京城他人地生疏,到处碰壁,一年后才在国有财产和公共房产局找到一个职位,几个月后又转到封地局任抄写员,工资菲薄。这段求职的坎坷经历,使他亲身感受到在专制制度下一个小公务员命运的艰辛，这给作家未来的创作提供了丰富的素材。这期间他曾到美术学院学习绘画，扩大了同文学艺术界的联系，结识了茹科夫斯基和普希金等大作家，并重新恢复了文学创作的热情。他开始写散文和小说，反映他十分熟悉的乌克兰故乡的人民和生活。他收集和整理了大量的民间故事、歌谣、传说及各式各样的奇谈轶事，加入他从小积累得来的各种知识，以此为素材创作小说。1830年第一篇小说《巴萨甫留克或者圣约翰节前夜》在《祖国纪事》上发表，没有署名；之后又发表了数篇此类作品。这就是小说集《狄康卡近乡夜话》（1～2集，1831.9—1832.3）。这些小说以讲故事的形式，将乌克兰民间故事、童话、歌谣中的情节与对现实生活的描写糅合在一起，讽刺乡村中的黑暗势力，表彰劳动者的勤劳、勇敢和智慧。优美的民间传说、浓郁的乡土气息、机智幽默的笔触，立即吸引了广大读者，并受到普希金等人的高度赞扬，从此果戈理一举成名。

1831年经普希金等朋友的推荐，果戈理到一个贵族家庭当家庭教师，并在一所专为"名门淑女"设立的中学任历史教员。1834年秋被聘为圣彼得堡大学世界史副教授。由于观点与学校当局相左，一年后辞去教职，专事文学创作。1835年出版了两本作品集《米尔戈罗德》（包括4篇小说）和《小品集》（包括3篇小说）。在《米尔戈罗德》中的《旧式地主》里，作者用写实的笔法揶揄了一对地主老夫妇一生百无聊赖的空虚生活。《伊凡·伊凡诺维奇和伊凡·尼基福罗维奇吵架的故事》则以夸张的手法嘲讽那些贵族乡绅为了一点小事结仇，长年诉讼，至死不休的可悲行径，反映了宗法制度下贵族地主俗不可耐的寄生生活和精神上的极度贫弱。《塔拉斯·布尔巴》以史诗的风格表彰了17世纪乌克兰人民反抗波兰王国统治者的英勇斗争。《地鬼》是根据民间传说，写一个神学校学生被迫为一个女妖念经而身亡的故事。作品虽带有神秘色彩，但其基调仍旧是反封建贵族的主题。《小品集》是一组描写圣彼得堡生活的小说。其中《涅瓦大街》揭露了圣彼得堡贵族官僚社会的庸俗与空虚。《肖像》写一位有才能的年轻画家受金钱诱惑，追求上流社会的生活而毁了自己的艺术才能的故事，从而对金钱和权势主宰一切的社会进行了批判。《狂人日记》则通过荒诞的狂人与狗的通讯，无情地揭露了野心家、钻营家、守财奴们对小官吏、小人物的迫害的凌辱。《小品集》的这3篇作品与后来的《鼻子》（1836）和《外套》（1842）共同合成《圣彼得堡故事》出版。《外套》和《狂人日记》一样，被公认是写被侮辱与被损害的"小人物"悲剧命运的典范作品。在《小品集》里还收有几篇文艺批评文章：《论小俄罗斯歌谣》《雕塑、绘画和音乐》等。作者在其中探讨了文艺与社会的关系、文艺在人民生活中的使命诸问题。《米尔戈罗德》和《小品集》出版后受到革命民主主义批评家别林斯基的高度评价，称果戈理是"文坛的盟主、诗人的魁首"，其"含泪的笑"和深刻的现实主义对俄国文学的发展具有重要的意义。

果戈理还是一位讽刺喜剧作家。他的第一部喜剧《未婚夫》写于1833年。1835年他曾写信请求普希金给他提供一个喜剧题材，后来就根据普希金提供的题材写成了五幕讽刺喜剧《钦差大臣》，于1836年4月在圣彼得堡公演。作品描写外省某城以市长为首的一群昏庸腐败的贪官污吏，突然听到钦差大臣要来视察，惊慌失措，竟把一个路过该市的"最无聊的"小官吏赫列斯达科夫误认是钦差大臣，演出了一幕幕丑剧。别林斯基称这部喜剧是"深刻而天才的创

《钦差大臣》插图

造"。赫尔岑赞扬它是"最完备的俄国官吏病理解剖学教程"。作者原欲通过暴露和嘲笑官场弊病使高官显贵们引以为戒，而改善社会风尚，却遭到官方及一些御用文人的激烈攻击和诽谤。果戈理陷入了苦闷。1836年他怀着压抑的心情前往德国、瑞士，后又迁居巴黎和罗马。1842年5月他完成了"震撼了整个俄罗斯"（赫尔岑语）之作《死魂灵》的第一部。

《死魂灵》的主人公乞乞科夫是一个从小贵族地主向新兴资产者过渡的转型期的人物形象。此时一部分贵族已开始采取资本主义的经营方式，不仅无耻地坐地敛财，还做起了不道德的投机买卖。当时的俄国每10年进行一次人口登记，而在两次登记之间死去的农奴在法律上仍然被当作活人。乞乞科夫巧妙地钻了这个空子，到偏僻的地方收购大批死农奴，然后再到城里办理法定的过户手续，从中牟取暴利。作品除辛辣嘲讽乞乞科夫的欺诈行径外，还着重勾勒了一个个愚昧、无聊、贪婪、吝啬的地主阶级的丑恶形象，揭示了俄国封建农奴

制反人民的实质。

果戈理在出版《死魂灵》第一部时曾暂时回国，1842年6月再次出国，在意大利治病，并经常来往于法、德、意等国之间，同时继续写作该书的第二部，直至1848年回国。在这一段时期里，作家不仅健康状况不好，思想上也明显出现了危机。1845年他完成了《死魂灵》第二部。在第二部里他一方面继续对农奴制度进行批判，同时却又塑造了一些理想的、品德高尚的官僚、地主及商人形象，乞乞科夫也在他们的道德感召下，终于更新灵魂改恶从善。作为一个现实主义作家，果戈理自己也感到作品缺乏真实性，他烧毁了手稿。1847年果戈理发表《与友人书简选》，宣传博爱主义和宗教神秘主义，甚至维护沙皇的农奴制度和专制主义。别林斯基立即写了《给果戈理的一封信》，严厉批评了他的错误思想。果戈理写了一篇《作者自白》为自己辩解，同时总结了自己的创作生涯。1848年春果戈理回莫斯科定居。

果戈理有"俄国小说散文之

父"的美称，与普希金一起奠定了19世纪俄国批判现实主义文学的基础，为俄国文学的发展做出了不朽的贡献。他的作品从20世纪初就陆续被介绍到中国，鲁迅称赞他的作品"以不可见之泪痕悲色，振其邦人"，并亲自翻译《死魂灵》，1935年出版。

别 林 斯 基

俄国文学批评家、哲学家、政论家。生于斯韦阿博尔格城，卒于圣彼得堡。父亲曾任军医。1829年进入莫斯科大学语文系学习，组织过进步学生文学团体。1833年起为《望远镜》杂志及其增刊《杂谈报》撰稿，并参与编辑，开始文学评论活动。1834年发表著名的第一篇长篇论文《文学的幻想》。1838年起主持《莫斯科观察家》杂志，次年杂志停办，他迁居圣彼得堡，负责《祖国纪事》杂志文学评论栏。在这段时间内，他发表了大量文章，对当时俄国文化艺术各个领域的一切新现象几乎都做出了反应。1847年他转到涅克拉索夫主办的《现代人》杂志，团结文学界进步力量，使这家杂志成为当时俄国最先进的思想阵地。他一生贫困，积劳成疾。1847年赴国外治病，翌年病逝。

别林斯基是在俄国解放运动中"完全代替贵族的平民知识分子的先驱"（列宁语），在思想上经历了由唯心主义到唯物主义、由启蒙主义到革命民主主义的转变过程。

他是俄国现实主义美学和文艺批评的奠基人，毕生以文艺批评活动反对沙皇农奴制度。在美学观点方面，19世纪30年代受黑格尔唯心主义的影响，片面强调艺术的客观性和无目的性。40年代中期开始从唯物主义观点论述艺术与现实的关系，断言"一切艺术的内容都是现实"，"生活永远高于艺术"，但艺术并不机械模仿生活，而是"现实的创造性的再现"；强调艺术的社会教育作用。此外，他还阐述了艺术创作和文学批评的一般规律和

特征，首次提出艺术是"寓于形象的思维"的著名论断。在近代美学中，他明确地认为"典型化是创作的一条基本法则，没有典型化，就没有创作"。要求人物的塑造"既表现一整个特殊范畴的人，又是一个完整的有个性的人"。主张"内容与形式的生动的有机的结合"，要求思想性与艺术性的统一，既反对只重形式的"纯艺术"，也反对抽象说教的教诲诗。

在文学史观和文学评论方面，别林斯基着重探索、总结俄国文学发展的道路，系统论述俄国文学中现实主义的形成过程，把美学理论同文学批评有机地结合起来。

别林斯基的文学批评以高度的原则性、敏锐的洞察力和细致精确的艺术分析见长，把政治激情和哲理思考、科学分析和富于诗意的想象力融为一体，在俄国和世界文学批评史上占有重要地位。

别林斯基的美学和文学论著被编成13卷本的《别林斯基全集》出版（1953—1959）。

莱蒙托夫

俄国诗人。生于莫斯科，卒于皮亚季戈尔斯克。父亲是退役上尉，母亲是大贵族的女儿。父母一度住在莫斯科，诗人出生后不久，全家回到奔萨省塔尔哈内外祖母的领地居住。出身富豪而寡居的外祖母并不满意女儿的婚姻，瞧不起穷女婿，家庭不和睦。诗人3岁时母亲去世，外祖母与父亲之间矛盾激化，父亲只好离去，把儿子留给外祖母抚养。不幸的家庭环境使诗人从小形成孤僻的性格。他天资聪颖，外祖母不惜高费为他请了德国保姆、法国家庭教师和专业艺术教师，诗人很小就掌握了德语、法语和英语，并专门学习过音乐、绘画。由于童年在乡村的庄园里度过，自幼即对俄国农村有较深的了解。1827年随外祖母去莫斯科，翌年进入贵族寄宿学校，对文学产生了兴趣并开始写诗。1830年考进

最渺小与最伟大的文学·必知外国文学家❷

了莫斯科大学。当时别林斯基、赫尔岑等都在这里读书，学生思想活跃，对莱蒙托夫有很大影响。不时写诗抒发感情。1827—1832年，他写了300多首抒情诗，约占他全部抒情诗的3/4。但绝大多数没有发表。其中最有代表性的诗，如《肖像》(1829)、《预言》(1830)、《1831年6月11日》(1831)、《帆》(1832)等，流露出作者对沙皇黑暗统治的不满。

1832年因与一位教授发生龃龉，被迫离开大学，遂进入彼得堡近卫军骑兵士官学校。1834年毕业后取得骑兵少尉军衔，并在彼得堡附近皇村的骠骑兵团服役。1835年首次发表长诗《哈吉——阿勃列克》，引起注意。同年写的剧本《假面舞会》由于讽刺整个上流社会虚伪得就像一个假面舞会，官方审查未通过，当时没有发表。

1837年是1812年卫国战争25周年，1月1日诗人为《现代人》杂志写了一首热情洋溢的爱国主义诗篇《波罗金诺》，这首长诗是莱蒙托夫的重要作品之一，标志着他的创作活动进入成熟期。1月底，传来普希金在决斗中惨遭杀害的消息，他愤然写下《诗人之死》这首著名的诗篇，以铿锵的节律、激愤的语言，勇敢地发出了向"扼杀自由、天才、荣耀的刽子手"讨还血债的呼号，锋芒直指整个上流社会和沙皇当局。这首诗不胫而走，很快震动了全俄罗斯。诗人因此被捕，被流放到高加索。流放期间，诗人结识了别林斯基和一些十二月党人，并完成了民歌体长诗《沙皇伊凡·瓦西里耶维奇、年轻的近卫士和勇敢的商人卡拉希尼科夫之歌》的创作(1838)。长诗写16世纪伊凡雷帝时的一个故事。诗中青年商人为了维护妻子的荣誉，不畏强权，挺身杀死了沙皇的卫士，博得了正直善良的人们的尊敬。作品借古讽今，具有明显的反专制制度的思想。

经过外祖母和诗人茹科夫斯基的奔走，1838年莱蒙托夫回到彼得堡原部队。此后的两年是他创作的全盛时期，相继完成了诗人最重要的几部作品，除抒情名篇《沉思》(1838)《诗人》(1838)《匕首》外，还有堪称诗人浪漫主义顶峰之作的

莱蒙托夫亲笔绘画——对高加索的回忆

长诗《恶魔》（1829—1841）和《童僧》（1839）。著名现实主义长篇小说《当代英雄》的单行本也在1840年5月出版。

《当代英雄》由5个独立的中短篇构成。毕巧林是贯穿全书的主人公。他精力充沛，才智过人，却不能在当时社会条件下合理地发挥，只能在一些琐屑无聊的小事上浪费自己的精力和生命，作者将这样一个人物称为"当代英雄"，无疑带有强烈的讽刺意味，正如作者

在序言中所说："这是一幅由我们这整整一代人身上充分滋生开来的种种毛病所构成的肖像。"毕巧林是继普希金的奥涅金之后的又一个"多余的人"的形象。小说结构完美，心理分析细致，语言准确优美，被誉为俄国文学中最早的一部现实主义佳作。

1840年2月，在一次舞会上莱蒙托夫与法国公使的儿子巴兰特发生冲突，两人进行决斗。他因此被捕，不久再次被流放到高加索。

他 6 月到达高加索，7 月就参加了瓦列里克河上的战役，事后写了《瓦列里克》一诗，以第一人称真实地描写了战役中的细节，反对沙皇俄国对高加索人民的战争。1841 年诗人获准休假两个月。2 月回到彼得堡，开始修改他在中学即动笔而未发表的长诗《恶魔》，对它进行最后的加工。

《恶魔》体现了诗人的叛逆思想。恶魔本是上帝的宠儿，否定一切公认的规范，但他有叛逆精神，反抗对理性和自由的束缚，被上帝逐出天堂，到处游荡，感到孤独；在寂寞、痛苦之余，他突然遇见了纯洁、美丽的塔玛拉，并吻了塔玛拉。这一吻给她带来的却是死亡，结果又留下他孑然一身，继续受折磨。诗人一方面歌颂恶魔的反抗精神，同时也批判了他的个人利己主义。诗人的另一名篇《童僧》描写一个想摆脱修道院监狱般生活，返回家乡的少年的悲剧故事，歌颂了反抗精神。这两个长篇洋溢着现实主义气氛。恶魔和童僧这两种性格形象：前者是个人主义者，后者是自由主义战士，基本概括了诗人全部作品中的形象。

1841 年 4 月诗人在《祖国纪事》上发表另一篇重要诗作《祖国》，表达自己对祖国和人民"一种奇异的爱"。诗中否定了"用鲜血换来的光荣"，指出热爱祖国山河和劳动人民才是真正的爱国主义。5 月，莱蒙托夫再次返回高加索，7 月 27 日与被贵族唆使的军官马尔特诺夫发生决斗被杀，时年 27 岁。

莱蒙托夫年轻短暂的一生结束了，他成熟的创作活动只有 4 年，但他对俄国文学做出了巨大的贡献。他一生写了 400 余首抒情诗，20 多部长诗，还有小说、戏剧等。他将浪漫主义和现实主义完美地结合起来，被公认是普希金的真正的继承人。在展示人物内心生活的心理描写方面他是俄国文学的先驱，后来为陀思妥耶夫斯基、托尔斯泰等所继承和发展。他的诗歌和长篇小说《当代英雄》在 1949 年以前早有译本，20 世纪 60—70 年代以后陆续有较完善的新译本出版。

屠格涅夫

俄国作家。生于奥廖尔省斯帕斯克，卒于巴黎。出身贵族，父亲是退役军官，母亲是拥有千顷土地和几千农奴的大地主，性情暴戾。屠格涅夫自幼目睹母亲专横任性，虐待农奴，开始对农奴制产生厌恶，后来他立下"汉尼拔誓言"，表示绝不同农奴制妥协。1833年进莫斯科大学语文系，一年后转入彼得堡大学哲学系语文专业，1837年毕业。1838—1841年在柏林大学进修哲学、历史和希腊、拉丁文。在这期间同巴枯宁和斯坦克维奇接近。回国后在内务部供职两年。1842年底认识别林斯基，不久又同别林斯基周围的作家们交往，与别林斯基结成至交，受其熏陶，加强了反农奴制和反斯拉夫主义的志向，促进了现实主义文学观的形成。1847年初出国旅行，同在萨尔斯堡养病的别林斯基一起度夏，《猎人笔记》中的几篇特写，就是在别林斯基的直接影响下写成。1848年2月他奔赴巴黎，以同情的态度观察工人起义。1850年回国。沙皇政府早已被他自1847年以来在《现代人》杂志上陆续刊出的《猎人笔记》的反农奴制倾向触怒，1852年借口他违反禁令发表悼念果戈理的文字，而将其拘留一个月，并遣回原籍，迫使他在警察监视下，在自己的庄园斯帕斯克村居住了一年半。他在彼得堡的拘留所里又写了揭露农奴制的中篇小说《木木》，其中残暴的女地主形象就是以他自己母亲为原型的。

屠格涅夫从1847年起为《现代人》杂志撰稿，到1860年止共合作了13年。在农奴制改革前夕，他渐渐同《现代人》中的革命民主主义者车尔尼雪夫斯基等人发生分歧。他出于自由主义和人道主义观点反对农奴制，并同情人民的苦难，却拥护沙皇自上而下的改革，而不赞成革命。农奴制改革年代在他思想和创作的发展中几乎是分水岭，正是这时他同《现代人》公开决裂。1862年年底，身在国外的屠格涅夫被指控同逃亡伦敦的巴枯宁等人有牵连（所谓"32人案件"），沙皇政府召他回国受审，他借故拖延了一年多。这期间，他上书亚历山大二世表示忠诚，还捐献两枚金币以慰劳镇压波兰起义的受伤兵士，为此受到革命阵营的猛烈抨击。

从1863年起，屠格涅夫同波里娜·维亚尔多一家一起住在德国巴登－巴登。波里娜是法国著名女歌唱家，1843年随意大利歌剧团到彼得堡演出，结识屠格涅夫，以后成为终身密友。他多次出国和侨居国外都同波里娜有关，她在他的创作中也留下深刻的痕迹。1871年普法战争后，他同维亚尔多一家迁居巴黎。在这里，他同法国名作家福楼拜、龚古尔、左拉、都德以及莫泊桑亲密交往，同时通过自己的翻译和介绍，促进了俄国文学在欧美的广泛传播。他经常回国作短期逗留。1882年初患脊椎癌，次年病逝。

屠格涅夫早在大学时代就以写浪漫主义诗歌开始了创作生涯（诗剧《斯杰诺》，1834）。1843年发表的叙事诗《巴拉莎》表现出现实主义倾向，为别林斯基所赞许。第一部散文作品是1844年发表的中篇小说《安德烈·柯洛索夫》。此后的叙事诗《地主》（1846）和中篇小说《彼图什科夫》（1848），则使人明显地感觉到自然派和果戈理的影响。特写集《猎人笔记》（1847—1852）标志着他完成向现实主义的转变。

《猎人笔记》是屠格涅夫的成名作，主题是农奴制下农民同地主的关系。作者在诗意盎然的俄罗斯大自然景色的背景上，以深厚的人道主义，表现俄国农民的民族特征、精神品质和才华（《霍尔和卡里内奇》《歌手》《白净草原》等），描写他们在农奴制下贫困无权、备受侮辱和压榨的境况（《事务所》《莓泉》《活尸首》），揭露地主的假仁慈和凶残本性（《总管》《两地主》）。这部特写集的特色是朴素真实地描写农村生活，以浓郁的抒情笔调感染读者。在创作《猎人笔记》的同时，屠格涅夫还写了一些剧本，其中有反映贵族生活和风习的《缺钱》（1846）和《贵族长

的早餐》（1849年上演，1856年发表），描写"小人物"的《单身汉》（1849）、《食客》（1857）以及关于两种心理典型之间的冲突的《物从细处断》（1848）。而在最著名的剧本《村居一月》（1855）中则开始表现平民知识分子和贵族冲突的主题。

屠格涅夫创作的极盛期是50—60年代初，这正是俄国解放运动从贵族时期过渡到平民知识分子时期的转折点，他的注意力主要集中在贵族知识分子和平民知识分子的生活和命运上。50年代初他写的一些中篇小说，如《多余人日记》（1850）和《雅科夫·帕辛科夫》（1855），曾勾勒过"多余的人"的形象，1856年发表的第一部长篇小说《罗亭》更为这类"多余的人"塑造了著名的典型人物。中篇小说《浮士德》（1856），特别是《阿霞》（1858），也通过悲剧性爱情故事描写了同类的典型人物。第二部长篇小说《贵族之家》（1859）的男主人公拉夫列茨基也属于"多余的人"的形象。作为40年代初贵族中的优秀分子，他寻求克服言行脱节和脱离人民等缺点的新的生活道路，却缺乏必要的力量和毅力，无法避免贵族阶级必然没落的历史命运，而这些是通过他同丽莎的关系，通过他的个人幸福同道德义务、同改善农民境况的社会义务之间的矛盾以及个人幸福不能实现等而艺术地表现出来

《贵族之家》插图

的。这部长篇小说结构谨严，情节紧凑，诗意盎然，在艺术上有独到之处。

为贵族阶级唱了挽歌，屠格涅夫又把眼光转向新兴的平民知识分子。小说《前夜》（1860）描写农奴制改革的"前夜"。女主人公叶莲娜体现了当时俄国社会的精神觉醒和争取自由、争取解放的渴望。她所钟情的平民知识分子英沙罗夫，是一个燃烧着民族解放激情、反对土耳其人统治的保加利亚革命家，性格坚定，目标明确，具有当时俄国民主青年的主要特征，正好是俄国所需要的"新人"和自觉的英雄人物。这个形象反映了50年代末俄国社会前进的方向，表明解放运动的领导权已逐渐从贵族转入平民知识分子手中。杜勃罗留波夫在《真正的白天何时到来？》一文中，肯定这部小说的成功，同时指出需要有同内部的"土耳其人"做斗争的、俄国自己的英沙罗夫，并断言"前夜离随之而来的白天总是不远的"，也就是说，俄国将发生革命。屠格涅夫不能接受这个革命的结论。他同《现代人》早有分

歧，未能阻止《现代人》发表这篇论文，成为双方决裂的原因。在长篇小说《父与子》（1862）里，屠格涅夫终于在俄国的平民知识分子中找到了"新人"。小说中"子"与"父"的矛盾，实际上是平民知识分子同贵族之间的矛盾。小说引起了不同阵营的激烈争论。民主刊物纷纷谴责作者诽谤年轻一代，只有赫尔岑和皮萨列夫对这个人物做了比较肯定的评价。《父与子》的艺术特色与《罗亭》《贵族之家》不同，抒情气息和风景描写很少。

在农奴制改革后沙皇政府猖狂反动的时期，屠格涅夫的思想发生危机，创作陷入低谷。他对社会斗争感到厌倦，企图遁入艺术和美的世界。1864年和1865年先后发表的中篇小说《幻影》和《够了》表现出唯美主义和悲观情绪。1867年发表的《烟》，写的是1862年的事，认为社会政治运动到头来只是一场虚空，不过是一缕轻烟。小说里既有对贵族反动分子的揭露，也有对流亡国外的俄国革命者的歪曲。60年代末至70年代前半期问世的《旅长》（1868）、《草原上的

李尔王》（1870）、《春潮》（1872）、《普宁和巴布林》（1874）和《表》（1876）等中、短篇小说，有的取材于作者早年听到的家庭传说，有的是他本人或亲友过去生活中发生的事情，他仿佛抛弃了迫切的社会题材，沉湎在回忆之中。在《烟》发表 10 年以后，才又写出了他最直接最广泛地反映社会运动的、也是他最后的一部长篇小说《处女地》（1877）。他对"到民间去"的革命民粹派的自我牺牲的激情表示敬意，但又怀疑他们的斗争目标和方法，赋予主人公涅兹达诺夫以哈姆雷特的特征。另一方面，他也讽刺 70 年代完全转向反动的自由主义贵族官僚，淋漓尽致地刻画他们的卑鄙本质。作家寄希望于能够深翻俄国"处女地"的"深犁"——新兴资产者沙罗明，在他身上寄托自己的渐进主义思想。

屠格涅夫晚期的主要作品是《散文诗》（1878—1882）。这部优美的散文集的内容和倾向是多方面的。其中有的表现英雄主义和爱国主义（如《门槛》《俄罗斯语言》），有的则充满怀疑和悲观情调（如《斯芬克斯》《无巢》《蔷薇曾经多么娇美……》）。他还写了脱离现实主义而带有神秘色彩的作品《爱的凯歌》（1881）、《死后》（即《克拉拉·密里奇》，1883）等。

屠格涅夫忠于现实主义原则，有时甚至能超出贵族自由主义立场的局限。他虽然长期侨居国外，却能迅速及时地反映俄国社会现象。他的全部创作几乎成了 19 世纪 40—70 年代俄国社会生活的编年史。屠格涅夫有高度的爱国主义感情，笔下的主人公多与祖国命运密切相关。他对俄国文学中的现实主义，尤其是对长篇小说的发展产生巨大影响。他以擅长塑造少女形象著称。《罗亭》等长篇和《阿霞》、《初恋》（1860）、《春潮》等中篇小说中的女主人公都写得栩栩如生。屠格涅夫善于写景，能够刻画自然景色的瞬息万变，又能赋予诗意和哲理，有时还赋予象征意义；这些描写不仅是人物心境变化的反映，而且往往成为情节转折的契机。屠格涅夫是真正的语言艺术家，对俄罗斯语言规范化做出了重大贡献。他的风格简洁、朴素、细腻、清新，富于抒情味。他的忧郁的气质，又使作品带有一种淡淡的哀愁。

在中国，他的作品介绍较早，《新青年》从1915年第1期起连载《春潮》，次年又节译了《初恋》。以后他的主要作品几乎全部被译成中文，不少译本出自中国名作家之手（如巴金译《父与子》和《处女地》，丽尼译《贵族之家》和《前夜》，丰子恺译《猎人笔记》等），1994年中国出版了《屠格涅夫全集》（12卷）。

陀思妥耶夫斯基

俄国作家。生于莫斯科，卒于圣彼得堡。出身于军医家庭。父亲米哈伊尔因晋升八等文官，取得贵族身份，并购置两处不大的田园，因为残酷虐待农奴，1839年被农奴聚殴致死。母亲玛利娅出身于商人家庭，不堪丈夫的妒忌和折磨，于

1837年早逝。母亲的遭遇，父亲的为人和结局，在他心灵上留下深刻的伤痕。

1838年进入彼得堡军事工程学校。1843年毕业，在工程局绘图处工作。一年后，离职专事文学工作。

1844年翻译出版巴尔扎克的长篇小说《欧也妮·葛朗台》。次年发表第一部长篇小说《穷人》（1845），深化了俄罗斯文学中的"小人物"主题，并以平等的态度展示他们丰富而高尚的内心世界，博得别林斯基和涅克拉索夫的赞

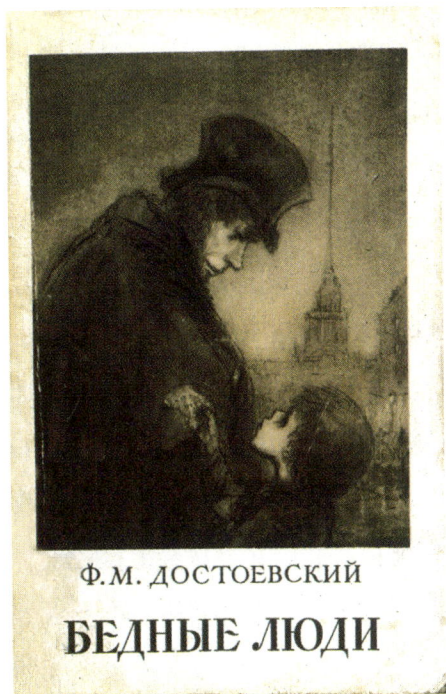

Ф. М. ДОСТОЕВСКИЙ
БЕДНЫЕ ЛЮДИ

《穷人》封面

赏。从此与别林斯基的进步文学团体接近。第二部小说《双重人格》（1846）运用幻觉想象的手法，刻画病态的心理和性格的分裂，提出"双重人格"的主题。中篇小说《女房东》（1847）和《白夜》（1848）则开拓"幻想家"的主题。《女房东》通过"幻想家"奥尔登诺夫窥破穆林老人和卡捷琳娜的暧昧关系的过程，把生活表现为一种充满朦胧神秘的情欲和本能倾向于罪恶与痛苦的现象，遭到别林斯基的严厉批评；《白夜》写内心纯真的人物和自我牺牲的爱情，具有动人的诗意和明朗的风格。这一主题也出现于中篇小说《脆弱的心》（1848）和《涅托契卡·涅兹瓦诺娃》（未完成，1849）中。

1847年初，因文艺观点的分歧，与别林斯基等友人决裂。受法国空想社会主义思想的影响，参加彼得拉舍夫斯基小组的活动；1849年4月，同小组成员一起被沙皇政府逮捕，并因在一次会上宣读别林斯基致果戈理的那封著名的反农奴制的信等"罪名"，被剥夺贵族身份，判处死刑。临刑时，宣谕沙皇旨意，改处苦役及期满后充军。假死刑动摇了他的信念和理想。1850年赴西伯利亚服刑。1854年刑满充军西伯利亚塞米巴拉金斯克当列兵。1856年升为准尉。次年经友人斡旋，恢复贵族身份，并重获写作的权利。此前不久，与玛·德·伊萨耶娃结婚。1859年底，获准回彼得堡，但仍受到秘密监视。

先后9年的苦役和军营生活，一方面丰富了他的生活阅历，积累了文学素材，增强了他对社会的观察和对人生的思考；另一方面使他远离俄国的先进阶层，苦役犯政治上的闭塞则使他思想中固有的消极面有所抬头，而日趋频繁的癫痫病发作也加重了他精神上的抑郁。此外，1848年革命失败后弥漫欧洲大陆的失望情绪更加深了他的思想危机。遂摈弃以往的信念，用宗教精神解释人民的理想，宣扬人人有罪，希望以道德感化代替反农奴制的斗争。

回彼得堡后发表的中篇小说《舅舅的梦》（1859）、长篇小说《被欺凌与被侮辱的》（1861）等作品依然保持40年代的风格。《被欺凌与被侮辱的》除描写"小人物"外，还涉及资本主义发展引起的个人、社会和家庭的道德堕落的主题，但也宣扬基督教受苦受难的精神，从苦难中体验幸福，以苦难净化一切。从此，真实揭露与宗教幻想的混合日益成为他作品的明显特征。

1861 年农奴制改革前后，与兄长米哈伊尔创办月刊《当代》（1861—1863）和《时代》（1864—1865），并因接近斯拉夫派的观点同车尔尼雪夫斯基等革命民主派论战，进而提出独树一帜的"根基论"，即有教养的上层阶级（知识界）应当在宗教、伦理的基础上与人民结合，人民是历史的"根基"。不过，他所谓的"人民"只是那些忠于沙皇、笃信东正教的老百姓，主体不是农民，而是贵族的家奴、小市民以及部分贵族。

这一时期的重要作品《死屋手记》（1861—1862），以亲身经历为基础，展示各类苦役犯的可怕处境和精神状态，被屠格涅夫比拟为但丁《神曲》中的《地狱》。1862 年，前往德、意、法、英等国游历，回国后写成《冬天记的夏天印象》（1863），对西欧的资本主义制度和资产阶级文明作了深刻的批判，带有鲜明的"根基论"思想的痕迹。另一部小说《地下室手记》（1864）写蜷伏在狭窄的自我圈子里的"地下人"形象，是《穷人》中的杰弗什金一类"小人物"的消极变种。

1864 年，妻子和兄长米哈伊尔相继去世，不久《时代》杂志停刊。为摆脱困境，他竭尽全力进行创作。1866 年发表《罪与罚》，为他赢得盛誉。这是作者最富于社会历史含义的一部社会心理小说。同年，第二部长篇小说《赌徒》26 天内口述完成，由此结识年轻的女速记员安·格·斯尼特金娜，并于次年结婚。

1867—1871 年，携妻子到德、意、奥、捷和瑞士等国旅游，其间写成长篇小说《白痴》（1868）和中篇小说《永久的丈夫》（1870），并开始创作长篇小说《群魔》（1871—1872）。《白痴》广泛描绘了农奴制改革后俄国上层社会的状况，涉及复杂的心理和道德问题；双重性格和象征色彩愈加明显，人物常常有

一种不自觉、下意识的行为，处于近乎疯狂的精神状态。这种非理性和神秘性往往被人视作他的创作特色。《群魔》利用1871年无政府主义者涅恰耶夫谋杀案的材料，把破坏一切说成俄国进步青年的革命原则，把无政府主义者的极端个人主义行为说成俄国革命运动固有的思想，受到进步舆论界的斥责，却得到反动阵营的赞赏。

1873—1874年曾主持《公民》杂志，并陆续发表《作家日记》（1873—1881）。《日记》体裁不一，有小品、政论、回忆录、特写、小说和随笔，反映了他晚年的政治和哲学观点，其中有一些错误评论当前重大社会问题的论点，但也有回忆别林斯基、涅克拉索夫等人的好文章和《温顺的女性》（1876）、《一个荒唐人的梦》（1877）等优秀作品，后者还表达了作者关于"人类的黄金时代"的幻想。

1874年，涅克拉索夫和谢德林恢复和他的接触，对他后两部长篇小说的创作颇有影响。《少年》（1875）反映当时急剧发展的资本主义生产关系所引发人们心理和思想的变化，表明金钱万能和由此引起的发财欲腐蚀了70年代青年人的灵魂，但也宣扬了温顺和博爱的宗教思想。《卡拉马佐夫兄弟》（1879—1880）的构思始于50年代，原计划写两部，第二部未及完成。近30年俄国社会的剧烈变化，使他在心理、伦理、政治和哲学上不断探索，把一个杀父的故事演化成宏伟的社会哲理小说。

陀思妥耶夫斯基的小说艺术具有多方面的成就。心理描写独擅胜场。似乎先于弗洛伊德，认为人的内心深处是黑暗深渊；既写心灵的"地下室"，也写心灵的"双重性"：善恶同时共处，爱恨同时并存。不过，尽管爱恨共处是他的最大特色，但精神分裂的人物在他笔下也只是少数，而爱恨并存的人物则多得多。

在中国，20世纪20年代初开始翻译他的小说。1926年，鲁迅曾为《穷人》译本作序。以后从英文转译了几乎包括他全部重要作品的多卷本选集，20世纪70—80年代陆续出版从俄文直译的多卷集和全集。

托尔斯泰

俄国作家。生于图拉省克拉皮文县的亚斯纳·亚波利亚纳。远祖在彼得大帝时代身居要职，受封世袭伯爵。父亲尼古拉参加过 1812 年卫国战争，以中校衔退役。母亲玛莉娅出身于显赫的古老家族，亚斯纳亚·波利亚纳庄园即为她的嫁产。托尔斯泰一岁半丧母，9 岁丧父。1841 年，托尔斯泰兄弟的监护人姑母亚·伊·奥斯坚－萨肯去世，改由住在喀山的二姑母彼·伊·尤什科娃监护。全家迁往喀山。

经历 托尔斯泰自幼接受典型的贵族家庭教育。1844 年入喀山大学东方系，读土耳其、阿拉伯语专业，次年转法律系。在学校期间对哲学和道德哲学发生兴趣，尤喜卢梭的学说，并对俄国的农奴制度表示不满；专业之外，博览文学书籍。1847 年 4 月，退学回亚斯纳

亚·波利亚纳。这座庄园在兄弟析产时归他所有，此后，一生的绝大部分时间在这里度过。

回到庄园后，试图进行农事改革，因得不到农民的信任而中止。1849 年 4 月曾到彼得堡应法学士考试，仅考两科，便放弃回家。是年秋天，为农民子弟兴办学校。11 月，在图拉省行政管理局挂名任虚职，次年 12 月提升为十四品文官，往来周旋于亲友和莫斯科上流社会之间。1851 年 4 月，因厌倦这种生活和环境，追随服军役的长兄尼古拉赴高加索；7 月，以志愿兵的身份参加对山民的作战，转年 3 月升为四等炮兵下士。1854 年 1 月，调往布加勒斯特作战部队，行前晋升为准尉。11 月，参加塞瓦斯托波尔防御战，任第四号棱堡炮兵连长。战斗中，目睹普通士兵和军官的英勇精神及优秀品质，同时感到高级将领的无能和国家制度的腐败。

高加索期间开始创作，在《现代人》杂志上陆续发表《童年》《少年》和《塞瓦斯托波尔故事》等小说。1855 年 11 月，从前线来到彼得堡，作为知名的新作家受到屠格

结识了许多著名的作家和批评家。他以不谙世故和放荡不羁而被视为怪人，又以不喜爱荷马和莎士比亚而令大家惊诧。不久，与车尔尼雪夫斯基相识，但不同意后者所代表的民主主义派别的文学见解，却有几分倾向于德鲁日宁等人所提倡的为艺术而艺术的"技艺论"。至1859年，终与《现代人》杂志决裂。

1856年11月，他以中尉衔退伍。次年1—8月，游历法国、意大利、德国和瑞士，所见所闻扩大了文学视野，增强了对俄国社会落后的清醒认识，而巴黎断头台的一次行刑场面却使他深感厌恶，对法国"社会自由"的好感也荡然无存。

对于19世纪50—60年代的农奴制改革，他的思想极为矛盾。一方面，他同情农民，痛恨农奴制，却又认为土地理应归地主所有；另一方面，不同意自由主义者、斯拉夫派以至农奴主顽固派的主张，也看到沙皇所实行的自上而下的"改革"的虚伪性质，却又反对以革命的方法消灭农奴制，幻想寻找自己的道路。因无法解决思想上的矛盾，他试图在哲学和艺术中躲避现实，但很快重陷失望；1860年长兄尼古拉的去世，更加深了他的悲观情绪。1859—1862年间他几乎中辍创作，先后在庄园和附近的农村为农民子弟办了20多所学校，并研究俄国和西欧的教育制度，专门到德国、法国、意大利和比利时等国考察教育。后创办《亚斯纳亚·波利亚纳》教育杂志。这些活动引起沙皇政府的注意。加之在农奴制改革中，他做本县和平调解人时，常常为农民说话，又招致贵族农奴主的敌视。1862年7月外出时，家中遭到宪兵连续两天的搜查。这段时间，他思想上所受的震荡以及因同农民的频繁接触而接受的他们对事物的一些看法，成为他世界观转变的契机和开端。

1862年9月，托尔斯泰同御医、八品文官安·叶·别尔斯之女索菲娅·安德列耶夫娜结婚。在他的一生中，夫人不仅为他操持家务，治理家业，而且为他誊写手稿。但她未能摆脱世俗之见，过多考虑家庭和子女的利益，不能理解世界观激变后托尔斯泰的思想。夫妻最终失和。

婚后，托尔斯泰逐渐克服思想上的危机，安居庄园，远离社交，购置产业，过着俭朴、宁静、和睦而幸福的生活。1863年起，以6年时间写成巨著《战争与和平》。

1869年9月，托尔斯泰因事途经阿尔扎马斯，深夜在旅馆突然感到一种从未有过的忧愁和恐怖，即所谓的"阿尔扎马斯的恐怖"。在此前后，他曾致信友人，谈及近来等待死亡的阴郁心情。1868年秋至1869年夏，他对德国叔本华的哲学发生兴趣，一度受其影响。70年代起，俄国乡村"旧基础"破坏的加剧，"到民间去"等社会运动的兴起，使他进入新的思想危机和新的探索时期。他惶惶不安，怀疑生存的目的和意义，对自己的贵族寄生生活深感苦恼。他研读各种哲学和宗教书籍，无法找到出路；又藏起绳子，不带猎枪，怕为求解脱而自杀。这种思想情绪在当时创作的《安娜·卡列尼娜》中得到鲜明反映。此后，他访晤神甫、主教、

修道士和隐修士，并结识农民、独立教徒康·修塔耶夫。终于他完全否定官办教会，接受宗法制农民的信仰，最后在70—80年代之交新的革命形势和全国性大饥荒的强烈影响下，弃绝本阶级，完成了60年代开始酝酿的世界观的转变，转到宗法制农民的立场上。《忏悔录》（1879—1880）和《我的信仰是什么？》（1882—1884）等论文广泛阐释了其思想转变的过程和转变后的思想观念。

从此，他厌弃自己及周围的贵族生活，时常从事体力劳动，摈绝奢侈，持斋吃素。改变文艺观，指斥以前的作品为"老爷式的游戏"，并把创作重点转移到论文和政论上去，以直接宣传自己的社会、哲学、宗教观点，揭露地主资产阶级社会的各种罪恶。1891年，他给《俄国新闻》和《新时代》编辑部写信，声明放弃1881年以后的作品版权；1898年，将《复活》的全部稿费资助杜霍包尔教徒移居加拿大。

90年代中期起，托尔斯泰增强对社会现实的批判态度，对自己

宣扬的博爱和不抗恶思想也时有怀疑。这在《哈泽－穆拉特》等作品中有所反映。沙皇政府早就因《论饥荒》一文企图将托尔斯泰监禁或流放，但慑于他的声望和社会舆论而未实施。至此，又因《复活》的发表，指责他反对上帝，不信来世，于1901年以俄国东正教至圣宗教院的名义革除他的教籍。这个决定引起举世的抗议，他却处之泰然。同年，他因沙皇政府镇压学生运动而写出《致沙皇及其助手们》一文；次年，致函尼古拉二世，要求给人民自由并废除土地私有制；1904年，撰文反对日俄战争。他同情革命者，也曾对革命的到来表示欢迎，却不理解并回避1905年革命。而在革命失败后，又反对沙皇政府残酷杀害革命者，写出《我不能沉默》一文。

世界观激变后，托尔斯泰于1882、1884年多次想离家出走。这种意图在80—90年代的创作中有颇多反映。他在生命的最后几年，意识到农民的觉醒，因自己和他们的思想情绪有距离而悲观；又因自己的地主庄园生活方式不符合信念

而不安。托尔斯泰主义的信徒们与他夫人之间的纠纷更使他深以为苦。1910年11月10日，他从亚斯纳亚·波利亚纳秘密出走。途中患肺炎，20日在阿斯塔波沃车站逝世。遵照他的遗言，遗体安葬在亚斯纳亚·波利亚纳的树林中。黄土堆成的梯形坟墓上没有石碑和十字架。

创作 托尔斯泰的创作，大致分为3个时期：

早期（1851—1862） 这是探索、实验和成长的时期。思想和艺术风格在发展和变化，个别作品带有模仿的痕迹。后来作品中的一些基调和特色也已初具雏形。

托尔斯泰自1847年起开始写日记，并坚持到晚年。大量的日记和书信，几乎占到他文学遗产的1/2。日记是他朝夕反省和不断探索的心灵记录，也是锻炼写作、通过自身研究人的内心生活秘密的手段。如使用了昭示后来"意识流"发展的《昨天的故事》（1851），即由日记扩充而成。

许多作品带有自传性质，这首先见于最早发表的中篇小说《童

年》（1851—1852）、《少年》（1852—1854）和《青年》（1855—1857）（曾设想写最后一部《青春》，构成长篇小说《四个发展时期》，但未写成）。三部曲描写成长中的小主人公，不满意自己，醉心于反省和自我分析，追求道德完善，洋溢着贵族庄园生活的牧歌情调，但也有一定的民主倾向，尽管作家晚年说这是不真诚的。同一时期创作的《袭击》（1853）、《伐林》（1853—1855）和《塞瓦斯托波尔故事》（1855）等军事小说，均以自己的亲身经历和见闻写成。这些作品克服俄国文学中战争描写的虚假的浪漫主义倾向，表现流血和死亡的真实场面，颂扬普通士兵和军官的朴素而悲壮的爱国主义，揭露贵族军官的虚荣心和装腔作势，受到车尔尼雪夫斯基的赞赏。

从心灵探索和精神发展的线索来说，继三部曲之后的是《一个地主的早晨》（1856），探寻在农奴制度下通过改善农民生活，以协调地主和农民的关系的道路，也是亲自观察所得。《家庭幸福》（1858—1859），是和芳邻瓦·弗·阿尔谢尼耶娃在1856年夏至1857年冬的一段爱情生活的反映，但也表现了逃避现实、追求与世隔绝的"家庭幸福"的幻想。他很快否定了这篇作品。《哥萨克》（1853—1863），表达了作家要脱离自己的生活环境、走"平民化"道路的初步尝试。这个"出走"的主题，后来不断出现在晚年的作品中。

这个时期的其他作品：《两个骠骑兵》（1856）写了父子两代人，作者欣赏父辈热情豪迈的骑士风度，鄙夷子辈猥琐自私的实利观点。《阿尔贝特》（1857—1858）和《琉森》（1857）同为写艺术家的作品。前者的中心思想是"自由创作"问题，宣称"美是人世间唯一无可置疑的幸福"，是作家一度醉心"为艺术而艺术"观点的产物；后者以出游瑞士时的见闻，揭露资产阶级的自私本性和资本主义同艺术相敌对的实质，已有否定资本主义文明的相对进步意义的倾向。《三死》（1858）写贵妇人、老农和树的死：贵妇人一辈子撒谎，临死还在撒谎，死得可怕；老农劳碌终生，死得安详；树却是向永恒的大

自然中另一新生命的转化，死得优美。这篇作品和《哥萨克》反映了作者向往自然和返璞归真的思想，并以大自然和接近大自然的人的意识为衡量真理的尺度，其中有卢梭的影响。

50年代末至60年代初，他因同农民接近，开始直接描写农民的生活。未完成的作品《田园诗》（1860—1861）和《吉洪和玛兰尼娅》（1860—1862）过于美化古老的农民生活方式。而《波里库什卡》（1861—1863）则表现农奴制下不可能为农民造福的思想，并第一次提出金钱万恶的问题。

中期（1863—1880） 这是托尔斯泰才华得到充分发展，艺术达到炉火纯青的时期，也是思想发生激烈矛盾，紧张探索、酝酿转变的时期。

1856年起，他拟写关于十二月党人的小说，1860—1861年间写了开头3章（1884年发表；1877—1879年曾用此题材又写了一些片段，但与原构思毫无联系）。此后，注意力渐渐转移到以1812年卫国战争为背景的长篇《战争与和平》（1863—1869）的写作上。这不是遁入历史，而是试图从历史上给贵族阶级寻找存在的价值，用以解答当时解放运动应由哪个阶级领导的问题。由于长期的亲身体验和同人民的接近，他深深感到人民在民族历史上的作用，从而使小说成为一部讴歌波澜壮阔的人民战争的史诗。

《战争与和平》写成后，面对俄国资本主义的急剧发展和宗法制农村旧秩序的分崩离析，托尔斯泰企图从彼得一世时代寻找当代社会变化的原因。承认彼得做了伟大而必要的事业，却又责备彼得把欧洲

《战争与和平》插图

文明移植到俄国。1870—1873年，他研读彼得时代的许多史料，但被《启蒙读本》所打断。后来只写成关于彼得的小说的开头部分，便转向现代生活题材的《安娜·卡列尼娜》的创作。

《启蒙读本》（1871—1872）的宗旨在于教育俄国"整整两代的孩子"——"不管是沙皇的孩子，还是农民的孩子"。读本包含373篇作品，有关于自然科学的，但大部分是文学方面的，思想倾向保守，排斥新教育学的基本方法和原则，却富于艺术性，语言简洁生动。

《安娜·卡列尼娜》的构思始于1870年，1873年动笔，原先只想写一个上流社会已婚妇女失足的故事。而在1877年写成的定稿中，小说的重心发生转移，主要写农奴制改革后俄国资本主义发展所产生的灾难性后果；贵族阶级家庭关系的瓦解和道德的败坏，贵族地主在资产阶级进逼下趋于没落，以及农村阶级矛盾的激化。小说已没有《战争与和平》中的那种和谐明朗的色彩和历史乐观主义，人物充满矛盾、紧张和惶恐的心情，全书闪现的是噩梦、宿命的预感和死亡的阴影。这反映了当时社会生活的变化无常和作家世界观中悲观情绪的滋长。自传性人物列文的紧张探索，则表明托尔斯泰在思想激变前夕精神探索的加强。

晚期（1881—1910）　这时期的总倾向，一是揭露当代社会的各种罪恶现象；二是表达自己的新认识，宣传自己的宗教思想。创作是多方面的，有戏剧、中短篇和长篇小说、民间故事，占重要位置的却是政论和论文。

50—60年代托尔斯泰曾写过剧本，其中《一个受传染的家庭》（1862—1864）反对革命民主派。80年代又对戏剧发生兴趣。重要作品有：《黑暗的势力》（1886）抨击金钱的罪恶，同时宣扬拯救灵魂的说教；《教育的果实》（1891）以贵族和农民的不同生活方式为冲突的基础，讽刺前者的游手好闲和精神空虚，表达后者因缺乏土地而产生的强烈愤慨；《活尸》（1911）写一个觉醒的贵族因社会制度不合理而离家出走，进而揭露贵族的自私冷酷和他们的合法婚姻的虚伪性；《光

在黑暗中发亮》（1911）反映作家在世界观转变后同家庭和社会的冲突，宣扬不抗恶，而剧情的发展又反驳了这种说教的无力，是他最矛盾的作品之一。

中短篇小说《伊万·伊里奇之死》（1884—1886）、《克莱采尔奏鸣曲》（1891）、《魔鬼》（1911）、《谢尔盖神父》（1912）和《舞会之后》（1911）的主题主要是精神觉醒或离家出走，并反对性爱，宣扬宗教的禁欲主义；另一方面则是批判贵族资产阶级的空虚和荒淫的生活，以及人与人之间的虚伪又冷酷的关系。《舞会之后》还揭露军队中的酷刑。此外，1905年革命前夕写成的《哈泽－穆拉特》（1904），描写山民的强烈的生的意志和至死不屈的英勇精神；革命中写成的《为什么？》（1906），歌颂波兰人民的武装起义，揭露沙皇的残酷镇压。两者是对当时暴力革命的反应，但同时写成的《柯尔涅依·瓦西里耶夫》（1905）则又重复博爱和宽恕可以摆脱邪恶的论调。

长篇小说《复活》（1889—1899）是托尔斯泰晚年的代表作。小说表现了作家晚年的代表性主题——精神觉醒和离家出走，但主要方面则是借聂赫留道夫的经历和见闻，展示从城市到农村的社会阴暗面，对政府、法庭、监狱、教会、土地私有制和资本主义制度做了深刻的批评。不过，作品的后面部分渐渐突出了不以暴力抗恶和自我修身的说教。托尔斯泰的力量和弱点，在这里得到最鲜明的体现。

《民间故事》（1881—1886）大多渗透着宗教伦理思想和美化宗法制古风遗习的倾向，但以情节紧凑、语言简朴著称。某些作品也具有积极意义，如《一个人需要很多土地吗？》谴责土地私有；《两个老头儿》批判私有财产；《蜡烛》反映人民的反抗情绪等。

评价 托尔斯泰的文章和论著数量众多，保存至今的约290篇，是他文学遗产的重要部分。政论性的文章占大多数，其写作始于青年时代。19世纪60—70年代写过关于教育问题和萨马拉饥荒的文章。而世界观激变以后的文章，既揭露官方教会是"有产者政权"的婢女，宣扬新的基督教的世界观，又指出资本主义制度实即奴隶制，工厂奴隶制是土地奴隶制的直接后果，国家是保卫有产者并压迫人民的工具，私有制是万恶之源。90年代初俄国许多省份受灾时，他撰文指出饥荒的严重性，要求把土地归还人民。1905年革命期间，宣称自愿充当农民的"辩护士"，认为革命的根源问题是土地问题。此外还有陈述城市下层的贫困景况和工人的沉重劳动，以及反对侵略战争和军国主义的文章。这些文章同样有其消极面，如否定一切国家、一切暴力，幻想人民的团结，鼓吹爱的作用和自我修身等。

托尔斯泰早期写过文学论文，如《人们为什么写作》（1851）肯定文学的崇高使命；《在俄罗斯文学爱好者协会上的讲话》（1859）反对暴露文学，但仍主张文学应当适应社会的要求。60—70年代的论文主要强调应为人民写作。最值得注意的是晚年的论著。《莫泊桑文集序》（1894）要求忠于现实主义的艺术原则，对所描写的事物抱道德的态度，明确"善与恶之间的区别"。《什么是艺术？》（1897—

1898）批判"为艺术而艺术"的美学观点，认为艺术是人们交流感情的工具。《论莎士比亚及其戏剧》（1906）指责莎士比亚的剧作反民主和不道德，但亦肯定其剧作的某些艺术特点。这些论著阐明了作家后期关于艺术实质和作用、形式和内容的关系、艺术的道德意义等问题的见解，后两部还同时要求文艺传达宗教意识。

还可一提的是，自托尔斯泰世界观发生激变起，他于1878—1886年、1893—1896年和1900—1902年，

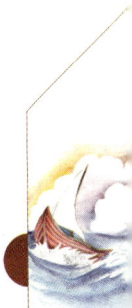

三度研读中国先秦哲学，持续时间长达30年，其中如老子所构想的"小国寡民"的理想国家和"处无为之事，行不言之教"的"无为"之治，孔子提倡的"修身"的行为准则，以及墨子的"兼爱"学说等，曾让他向往不已，并对其思想的发展产生一定影响。

托尔斯泰是伟大的思想家和艺术家。自创作伊始，一刻不断地寻找接近人民的道路，探究群众灾难的真实原因，思考祖国的命运和未来，艺术视野达到罕有的广度，反映1861—1905年间的重要社会现象，提出许多"重大问题"，尽管立场矛盾，解答错误，然而，其伟大主要由于他以艺术家所特有的力量，创作了无与伦比的俄国社会生活的画面，而那些"重大问题"大多就是在"图画"中艺术地展现出来。

他的小说艺术博大精深。他善于驾驭多线索的结构，千头万绪，衔接得合情合理、天衣无缝；又能突破小说的"封闭"形式，波澜壮阔，像生活那样无始无终。他的魅力不仅在于再现宏观世界，而且在于刻画微观世界，把握心灵的辩证发展，细致描写心理在外界影响下的嬗变过程，并且深入人的无意识领域（甚至令人惊诧地使用后来所谓的"意识流"手法），把它表现在同意识相互和谐的联系之中。他的艺术魅力来自真实，突出体现在人物性格的塑造上：如实地描写人物内心的多面性、丰富性和复杂性，不只写其突出的一面或占优势的一种精神状态；不隐讳心爱人物的缺点，也不窒息所揭露的人物心中闪现的微光；不粉饰，不夸张，不理想化和漫画化，总是借助真实客观的描写，展示本来面目，从而于平凡中见伟大，或者相反，于平凡中显示其可怕；善于描绘性格的发展和变化，自然浑成而不露刀斧痕迹。他风格的最大特点是朴素，力求最充分最确切地反映生活的真实或表达自己的思想，虽然在艺术上精益求精，却不单纯以技巧取胜，不为形式而形式，只寻求最大的表现力。晚期的艺术风格有显著变化：心理描写力求简洁，不写心理发展的整个过程，只写其中各个阶段的主要环节；有时采用戏剧的方法，通过行动和对白来表现内心活动；不写性格的顺序发展，而写突然事故引起的决定性转变。在结构上，为了表现人物的觉醒，常常采用倒叙的方法；为了集中，不再用多线索，而用单线索逐渐展开的方式。在语言上，则力求质朴洗练和浅显易懂，接近于民间故事。

托尔斯泰的作品是现实主义表现的顶峰之一，在世界文学中产生巨大的影响。19世纪60年代起，作品开始在英、德等国翻译出版。70—80年代之交，以《战争与和平》法译本的出版赢得世界一流作家的声誉，成为当时欧美"俄国热"的主要对象。80—90年代，法、英等国最早论述他的评论家，都承认他的创作对俄国文学的振兴作用。19世纪末至20世纪初成长的进步作家罗曼·罗兰、亨利希·曼和托马斯·曼、德莱塞、萧伯纳、高尔斯华绥以及其他欧美作家和亚洲作家都受过他的熏陶，甚至一些现代主义小说家也从他那里汲取营养。在中国，1900年出现评介他的文字，1907年译介过他的"宗教小说"。1913、1917年先

后有《复活》（易名《心狱》）和《安娜卡列尼娜》（易名《婀娜小史》）的不完全文言译本。"五四"前后，他的作品被大量译成中文。抗战期间，分别出版了郭沫若和周扬翻译的《战争与和平》和《安娜·卡列尼娜》，以及其他作品的译本。中华人民共和国建立以后，他的重要作品大多翻译出版。1985年《列夫·托尔斯泰文集》（17卷）面世。

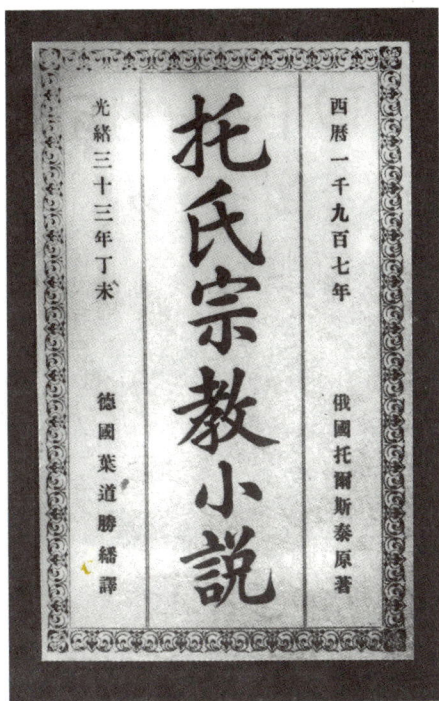

托尔斯泰作品在中国最早的中译本封面

契诃夫

俄国作家、戏剧家。生于罗斯托夫省塔甘罗格市，卒于德国巴登韦勒。祖父是赎身农奴。父亲曾开一间小杂货铺。7岁上教会小学，两年后考入塔甘罗格中学。因父亲经营不善，1876年杂货铺负债倒闭，全家避居莫斯科。契诃夫一人留在塔甘罗格，一面继续读书，一面靠当家庭教师维持生计。1879年考入莫斯科大学医学系。1884年毕业后在兹威尼哥罗德等地行医，广泛接触平民、了解生活，对他日后的文学创作产生影响。1880年开始用安东沙·契洪特的笔名在一些杂志上发表作品。1884年第一本短篇小说集《梅尔波梅尼的故事》问世。而后另两本小说集《五颜六色的故事》（1886）和《在昏暗中》（1887）相继出版，从此成为知名作家。

契诃夫早期作品数量不少，大多是诙谐、幽默的小品和故事，水平参差不齐。迫于生活和上学的开销，为多发表一些作品，甚至有时不得不迎合报刊的口味，写了不少搞笑的、思想性不强却也无伤大雅的急就篇。但仍不乏内容充实、艺术性强的优秀作品，如《在钉子上》《胖子和瘦子》《一个文官之死》《胜利者的胜利》（均1883）等。这些作品既谴责了权贵的飞扬跋扈，又针砭了弱者的卑躬屈节。从19世纪80年代中期起，作品的题材更广泛，内容也更加深刻。作者一方面用幽默、辛辣的文字揭露社会上诸多的丑恶现象，如见风使舵、阿谀权贵的沙皇警犬（《变色龙》，1884），奴性十足的专制制度的卫道士（《普里希别耶夫军士》，1885）；另一方面又用凝重而冷峻的笔触传达了普通劳动者无尽的痛苦与忧伤（《哀伤》，1885；《苦恼》，1886），并以感人肺腑的语言和深切的同情描绘了城市工人特别是童工的悲惨处境（《万卡》，1886；《渴睡》，1888）等。1888年出版的著名中篇小说《草原》抒写了俄罗斯大自然的美丽景色，反映草原人民的生活，表达了他们对幸福生活的渴望，具有浓郁的抒情色彩。同年10月他获得了科学院颁发的普希金奖。80年代下半期契诃夫曾一度受托尔斯泰主义的影响，这在《乞丐》（1887）、《哥萨克》（1887）和《灯火》（1888）等作品中留下了明显的印记。

1890年4月契诃夫为了解民情、接近生活，到库页岛旅行，在岛上停留三个月，考察了流放苦役犯的生活，写成《库页岛旅行记》（1893—1894），揭露沙皇政府的野蛮统治，对苦役犯们寄予了深切同情。这一时期的作品，如《在流放中》（1892）、《第六病室》（1892）等都具有明确的针对性和强烈的批判性。《第六病室》里的医生拉京是一个托尔斯泰主义者，直到自己也被当作疯子关进第六病室后，才觉悟到他信奉的那套"不抗恶"哲学的错误。这表明作者已开始摈弃托尔斯泰主义，其创作进入了一个新阶段，题材也进一步拓宽：有描写资本主义崛起的《女人的王国》（1894）和《三年》（1895）；有反映农民贫困、落后和愚昧的《农

《带狗的女人》插图

民》（1897）及揭露农村新兴资产阶级——富农疯狂榨取农民血汗，掠夺财富残忍本性的《在峡谷里》（1900）；还有写知识分子主题，暴露种种庸俗、虚伪的市侩生活，唤起人们厌恶"浑浑噩噩的半死不活的生活"的作品《带阁楼的房子》（1896）、《我的一生》（1896）和《带狗的女人》（1899）等。

反对庸俗、保守、愚昧，是契诃夫晚期创作中最重要的主题之一。《套中人》（1898）中别里科夫是保守派、顽固派的典型，是旧制度的卫道士；《醋栗》（1898）中尼

《套中人》插图

古拉也是个胸无大志、只贪图个人享乐的庸人；《姚内奇》（1898）中医生姚内奇则是一个堕落知识分子的形象，空虚、无聊的生活使他成了一个除了吃饭打牌外，就只会点钞票的俗物了。更值得注意的是，在这些作品中，作者不仅描写了重大的社会问题，鞭挞了庸俗和保守，而且塑造了一些美好、纯正、憧憬未来的新型知识分子形象，如《醋栗》中的伊万·伊万诺维奇、《跳来跳去的女人》（1892）中的德莫夫医生，他们已发出"不能再这样生活下去"的呼声。尤其是《新

娘》（1903）中的女主人公娜佳，她毅然告别猥琐、庸俗的过去，勇敢地走向新生活，并且坚信美好的明天必将到来。

90年代契诃夫曾到米兰、威尼斯、维也纳和巴黎等地疗养和游览。1898年患肺结核病，从梅里霍沃庄园迁居雅尔塔。1901年同演员奥尔迦·克尼碧尔结婚。在雅尔塔他常与托尔斯泰、高尔基、布宁、列维坦等人见面。1902年皇家科学院无理取消推选高尔基名誉院士的资格，契诃夫与柯罗连科立即发表声明放弃自己名誉院士的称号，以示抗议，充分表现了他坚定的民主、进步的立场。

剧本是契诃夫文学创作的另一重要组成部分。他最初写一些独幕喜剧、戏剧小品等。80年代后半期开始写多幕剧。1887年创作了第一部正剧《伊凡诺夫》，随后又写了《蠢货》（1888）、《求婚》（1889）、《纪念日》（1891）等几部讽刺喜剧。不过，契诃夫真正的戏剧革新是从《海鸥》（1896）开始的。此后，契诃夫的名字就与莫斯科艺术剧院联系起来，他接连写出了《万尼亚舅舅》

（1897）、《三姊妹》（1900—1901）、《樱桃园》（1903）等多部堪称经典的戏剧佳作。从此契诃夫更以戏剧家的身份蜚声世界文坛。

戏剧作品的主题多表现知识分子，特别是 19 世纪末俄国知识分子的精神失落，且在生活中找不到出路的悲剧命运。《海鸥》中的特里波列夫和特里果林、《万尼亚舅舅》中的沃伊尼茨基、《三姊妹》里的普洛佐罗娃和《樱桃园》里的郎涅夫斯卡娅等均为这一类人物的形象。《樱桃园》和《新娘》是契诃夫的绝笔之作，它们告诉读者：旧制度、旧生活的根基已经动摇，我们需要用自己的双手去开创和建设真正美好的新生活。发出了"新生活万岁"的呼声，尽管这"新生活"尚是一种朦胧的憧憬。

契诃夫既是短篇小说大师，又是戏剧艺术大家。就题材、内容、风格而言，两种体裁的作品也很相近，它们的共同特点是真实、朴质、言简意赅。他的剧本含蕴着丰富的潜台词和浓郁的抒情意味，形象生动而具象征性。他不追求离奇的情节，情节淡化是他的又一特点。他只写平凡的日常生活与人物，笔调舒缓、平和，从容不迫，甚至有点儿漫不经心，但是掩卷之余或谢幕之后，你的心却不能不为之颤动。他在世界文坛占据了不易跨越的位置，产生了巨大影响。

他的作品早在 20 世纪初就被译介到中国，其小说和戏剧几乎全部有了中译本，1993 年《契诃夫文集》（10 卷本）面世。

高尔基

苏联作家，苏联社会主义文学的奠基人。原名阿列克塞·马克西莫维奇·彼什科夫。生于俄国中部下诺夫哥罗德城一个木工家庭，卒于莫斯科。4 岁丧父后跟随母亲寄居在外祖父家里。外祖父是小染坊主，贪婪吝啬、性情暴戾，外祖母则善良、温顺。高尔基在备受折磨的逆境中度过自己的童年，只读过两年书。1878 年母亲去世后，11

岁走向"人间",当过学徒、搬运工、面包师等。1884年抱着上大学的梦想来到喀山,结果,运河码头、地下室、贫民窟成了他的课堂。在这里他参加了民粹派外围组织的学习小组,广泛接触知识分子和贫民的生活,阅读了包括马克思主义著作在内的许多书报。1888—1892年先后两次浪游俄罗斯,曾与民粹派的罗马斯到农村做宣传工作。1889年由于与一个政治流放犯案件有牵连遭逮捕,获释后仍受到警察的秘密监视。1891年来到第比利斯铁路修配厂,结识了这里的进步工人,并开始了自己的文学创作活动。1892年9月,第比利斯《高加索报》发表他的第一个短篇小说《马卡尔·楚德拉》,署名"马·高尔基"。此后,高尔基在柯罗连科的帮助下当上了《萨马拉日报》新闻评述栏的编辑,成为职业作家,并在俄国各大报刊上陆续发表作品。1898年两卷集《随笔与短篇小说》问世,引起国内外的广泛注意。沙皇政府惧怕高尔基在群众中不断增长的影响,借口他在工人中宣传革命而再次将其逮捕。

19世纪末20世纪初是俄国工人运动高涨的岁月。这一时代特点在高尔基的早期作品中得到充分的反映。

高尔基的创作大致可分为三个时期:早期1892—1906年;中期1907—1917年;苏维埃时期1918—1936年。他的早期作品既有现实主义的,也有浪漫主义的。现实主义小说的基本主题是揭露和批判旧世界的黑暗,同情底层人民的苦难生活,并在某种程度上揭示了他们的觉醒。主人公多是流浪汉、沦落人,或是人性被扭曲了的人。《叶美良·皮里雅依》(1893)、《阿尔希普爷爷和廖恩卡》(1894)、《两个流浪汉》(1894)、《切尔卡什》(1895)、《柯诺瓦洛夫》(1897)、《马尔华》(1897)、《草原上》(1897)等作品中的人物都是旧制度的牺牲品,他们失业浪迹于社会底层的各个角落,一个个挣扎在饥饿、疾病的死亡线上,而他们的灵魂中仍保留着闪光的人性,如廖恩卡、皮里雅依、切尔卡什等,他们虽然是沦落人,但都保持着自己的独立和尊严,善良和同情心。当然,也不乏灵魂完全被扭曲的形象，如《游街》（1895）中死命抽打女人的庄稼汉，《在盐场上》和《因为烦闷无聊》中残酷捉弄和侮辱与自己同样可怜、同样不幸者的人。这既是高尔基对丧失人性、穷极无聊的市侩的恶习的有力鞭挞，更是对造成这种畸形现象的旧制度的控诉。

高尔基早期作品中最具特色的是那些浪漫主义小说，代表作有《马卡尔·楚德拉》（1892）、《少女与死神》（1892）、《伊则吉尔老婆子》（1895）、《鹰之歌》（1896）等。前两部作品都是通过自由与爱情的主题，歌颂人们对自由的向往与追求，号召他们起来争取做自由人；《伊则吉尔老婆子》则弘扬了英雄主义和献身精神，塑造了两个对立的形象：一个是自私、贪得无厌的个人主义者拉腊；另一个是勇敢、大公无私的英雄丹柯。丹柯愿为人民献身，当人民面临黑暗的时候，他毫不犹豫地掏出自己燃烧的心，给人民照亮前进的道路。《鹰之歌》中的雄鹰同样是酷爱自由、大智大勇的英雄形象。

19 世纪末，高尔基开始试写中长篇小说，最早的两部小说是《福玛·高尔杰耶夫》（1899）和《三人》（1900）。前者通过俄国新兴资产阶级两代人的形象，展示这个阶级的发展及其历史命运。福玛对本阶级的背叛说明俄国资产阶级已经处于从内部瓦解的边缘。《三人》描写三个出身于社会底层的青年所走的三种不同的生活道路，说明追逐私有财产，逃避斗争，向资产阶级高位攀登的人的梦想必将幻灭，唯有走革命的道路。

在世纪之交，俄国工人运动此起彼伏。高尔基接触了列宁的《火星报》，与社会民主党密切联系，逐渐接受了马克思主义的世界观。1901 年春，彼得堡举行大规模的学生示威游行，遭沙皇镇压。高尔基写了一份传单，揭露沙皇的罪行。同年 4 月，著名散文诗《海燕之歌》发表。海燕以一个预言家的心胸，在汹涌澎湃的革命浪潮中呼唤暴风雨的到来。这一年高尔基再次遭捕，1903 年甚至险些被沙皇的秘密警察暗杀。

在俄国第一次革命前夕，高尔基把注意力转向戏剧方面。1901—

1905年先后写出了《小市民》《底层》《避暑客》《太阳的孩子们》《野蛮人》等一系列重要剧本。这些剧作饱含着现实而迫切的社会政治内容，有的直接写先进工人为自己的权利而斗争的决心与乐观精神；有的为底层人民呐喊，批判消极期待幸福的幻想。《小市民》（1901）是俄国文学史上第一次明确表现新旧两个世界冲突的文学作品，剧本中心人物尼尔是一位有觉悟的工人，他提出了"谁劳动，谁就是主人"的生活原则。《底层》（1902）则通过描写一群聚居在夜店里的流浪汉、妓女、乞丐、失业工人等的悲惨生活，反映俄国革命前劳苦大众的窘迫处境，对沙皇专制制度提出了血泪控诉。《避暑客》（1904）和《野蛮人》（1905）等批判了知识分子试图在革命大潮中抛弃革命理想和苟且偷安、逃避

斗争等形形色色的思想。

1905—1907年俄国第一次革命期间，高尔基积极投入斗争。1905年1月9日，他目睹了沙皇对示威群众的血腥镇压，立即写了《告全国公民及欧洲各国舆论界书》，然后又写了《1月9日》一文，声讨沙皇的暴虐。同年12月莫斯科工人武装起义，高尔基亲自为起义者筹集经费和武器。这一年他在彼得堡与列宁第一次会见，并加入社会民主工党。第一次革命失败后，党派高尔基出访美国和西欧，宣传俄国革命，并为党筹集经费。在美国期间他写了揭露并抨击资本主义制

高尔基为莫斯科艺术剧院演员朗诵《底层》

度的政论集《我的访问记》和特写《在美国》。1907 年 5 月赴伦敦参加社会民主工党第五次代表大会。

上述经历对高尔基的思想及创作，均具有里程碑的意义。1906 年他写成了两部重要作品《母亲》和《敌人》。长篇小说《母亲》描绘了无产阶级革命斗争的壮丽场景，表现了在革命大潮下俄国普通工人的政治觉醒。一个曾是逆来顺受的母亲，在参加了革命的儿子及其周围同志们的帮助启发下，终于逐渐觉悟，成为一名勇敢无畏的无产阶级战士。在这部作品中，高尔基塑造了世界文学史上第一批自觉的无产阶级革命者的英雄形象。作品充满对历史进步的坚强信念，体现了在革命发展中描写现实的创作原则，列宁给予小说极高的评价，指出它是一本"非常及时的书"，肯定了它的现实意义。《敌人》是高尔基第一次在同资产阶级斗争的典型环境中表现工人群众的一部优秀剧本，真实地写出不可调和的劳资双方的阶级矛盾，显示了工人群众日益提高的政治觉悟。

高尔基访美回来后（1906 年秋）侨居意大利的卡普里岛，直至 1913 年。这期间他除了一组抨击美国的政论文《黄色魔鬼的城市》之外，还写有多篇批判革命失败后俄国知识分子颓废、变节的文章（《个性的毁灭》《论犬儒主义》，1908）。他一度接近波格丹诺夫召回派集团，受唯心主义哲学的影响，接受了造神说。中篇小说《忏悔》（1907—1908）就是在这种思潮影响下写出的，受到列宁的严肃批评。高尔基逐渐认识了错误，脱离了"召回派"集团的活动。

俄国第一次革命的失败迫使许多人，特别是革命者进行反思，经过革命烈火的洗礼，又亲历了西方世界种种景象的高尔基思想变得深邃，视野也更开阔。他的创作思想和艺术风格进入了一个充满革命精神的新阶段（创作的中期）。

1907—1917 年两次革命之间高尔基的创作成果十分丰硕，题材极其广泛，仅中长篇小说就有近 10 部，除《忏悔》外，还有《没用人的一生》（1907—1908）、《夏天》（1909），奥库罗夫三部曲（《奥库罗夫镇》《马特维·科热米亚金的一生》《崇高的爱》，1909—1914），自传体三部曲中的前两部《童年》（1913）和《在人间》（1915），《三天》（1912）、《老板》（1913），以及《俄罗斯童话》（1911—1912）、《意大利童话》（1911—1913）、《罗斯记游》（1912—1917）。《没用人的一生》主要揭露沙皇专制制度的支柱——宪兵、警察、暗探这些人类渣滓的丑恶面目，认识他们的精神堕落和腐朽。《夏天》则与《母亲》有直接联系。高尔基写完《母亲》后本想写一个续篇《儿子》，但未能实现，却写成了一部反映革命失败后俄国农村生活的作品。奥库罗夫三部曲和自传体三部曲可以看作是作者创作新阶段的开始。高尔基创作的每一阶段均与其所处的时代密切相连。第一阶段（早期创作）正处于俄国工人运动的高潮时期，此时作品的表现手法充满着现实主义和革命理想的浪漫主义，其基调均为高亢、激奋，感情色彩浓重。第一次革命失败后，疾风暴雨式的一幕过去了，冷静的沉思代替了激越的感情。在总结、梳理革命失败的教训和经验时，高尔基把目光投向了俄罗斯的历史，

投向俄罗斯的民族性格和民族文化心理的特质，以一种沉重的心情反思并剖析了俄罗斯独特的民族文化心理积淀：自私、保守、愚昧落后、目光短浅、市侩习气……这种根深蒂固的俄罗斯小市民劣根性是俄国人民和俄国革命的大敌。在《个性的毁灭》《论犬儒主义》《卡拉马佐夫气质》等一系列文章里，他已经指出："市侩习气是世界的诅咒对象，它从内部蚕食人的性格，如同虫蛆之蛀蚀果实……"批判和揭露这些龌龊现象也正是奥库罗夫三部曲创作的主旨。作品深刻地描写了从1861年农奴制改革到1905年革命失败近半个世纪的奥库罗夫镇的生活史，揭示了小市民保守、落后、动摇等心理特征及其社会根源，指出了它们对进步事物的腐蚀和影响。自传体三部曲基本上也是继续这一主题。在这里，作者已从一位炽热的浪漫主义者变成一位冷静、清醒的现实主义者。自传体三部曲《童年》《在人间》《我的大学》（1923）无疑属于高尔基优秀作品之列，作者感情执著，笔法精练、清醒的同时又深情地回眸

昨日历史，把苦难深重的广阔的生活画面同悠远的哲理思考糅合在一起，伴随着细腻的心理分析和作家深沉的忧患意识展现了未来的光明前景。三部曲以作者自身生活为原型，描写一位普通少年阿辽沙自幼饱尝辛酸，在苦难中挣扎的过程。尽管阿辽沙长期生活在尔虞我诈、弱肉强食的可怕世界里，深陷于粗俗愚昧的小市民生活泥沼中，但他还是碰到不少好人和许多"善良而人道的东西"。在这里高尔基不只是在写自己的传记，而是把自己的命运同全俄罗斯人民的命运联系在一起，表现出俄国一代劳动者在黑暗中寻找真理、追求光明的艰难曲折历程。作者在展示和批判落后、野蛮和残酷的"铅样沉重的生活"时，也明确指出，新一代人已在旧地基上破土而出，并显示出自己强大的生命力。阿辽沙的形象就是新一代人成长的见证。

《意大利童话》和《俄罗斯童话》属于另一风格的作品。它们并非传统意义上的童话。《意大利童话》辑短文27篇。作品虽着眼于意大利的人物和生活，但全书荡漾的却是俄国革命的清新之风，昭示俄国社会主义革命斗争的国际意义；而对意大利多姿多彩的自然景色和风土人情的渲染，更有力地揭示出作品的基本主旨是塑造为光明、幸福和社会主义而斗争的人民集体的形象；歌颂劳动人民的团结友爱精神；赞扬摆脱掉剥削阶级道德的人的尊严和精神的美与欢乐。《俄罗斯童话》包括16篇作品。作者运用尼·谢德林式的讽刺手法，对斯托雷平时期俄国反动势力及种种消极颓废现象进行了无情的揭露和嘲讽。《罗斯记游》是作者于1912—1916年浪游俄罗斯时所写的一些特写、回忆录和故事，真实地再现了俄国19世纪80—90年代充满残酷、野蛮和落后的生活画面，也显示出在人民中蕴藏着的巨大力量。作者说："我想用它们勾勒出俄国人心理的某种特征和我所理解的俄国人一些最典型的情绪。"

十月革命期间，高尔基与布尔什维克党在对待十月革命一系列问题上产生了严重分歧。从1917年4

月至 1918 年 6 月高尔基在孟什维克的《新生活报》上发表了近 80 篇政论（在《不合时宜的思想》总标题下发表有 58 篇）。这些文章记录了高尔基在这一年多的时间里对十月革命事变的"独特的"思考，基本上包括下面三部分内容：① 1917 年 5—10 月（即十月革命前一个时期）的文章，内容主要不是针对十月革命和布尔什维克的，而是涉及二月革命后国内出现的种种混乱状况，如谴责第一次世界大战，反对无政府主义，反对屠杀犹太人，反对淫秽书刊的泛滥等。还有一些是宣传科学文化的重要意义的文章。② 1917 年 10—12 月（十月武装起义期间）的文章，主要反对十月武装起义，主张"二月革命后的革命应和平地发展"，如《不能沉默》《致民主派》《请工人们注意》等。批评列宁发动十月革命是"中了权力的腐毒"，用极端方式"推行

社会主义制度"，认为十月革命是"一次注定要失败的残酷的试验"。③ 1917 年 12 月至 1918 年 6 月的文章，主要是反对暴力，反对内战，反对一切政治；指责农民洗劫地主庄园，烧毁图书馆，抢劫酒窖等；指责十月革命"是一场没有精神上的社会主义者、没有社会主义心理参与的俄国式的暴动"；断言"政治——不管是谁搞的政治——永远是令人厌恶的，因为不可避免地会有谎言、污蔑和暴动与之相伴……"列宁严肃地批评了他的错误。苏联人民保卫十月革命成果和

高尔基给中国作家的信（1934.9.2）

创造新生活的英勇精神教育了高尔基。

从 1918 年起，高尔基的创作进入了苏维埃时期。从这一年的中期开始，他的思想有所转变，对前一阶段的思想错误进行了全面反思。在回忆录《列宁》（1924 年写作，1931 年修改）中写道："十三年以前我是这样想的，也就这样错了……'让我们从错误中学习吧'。"高尔基开始改变对革命的错误态度。1918—1921 年他帮助苏维埃政府开展了大量文化和教育方面的组织工作，如组建国家大剧院、人民喜剧院，创办世界文学出版社，出版《俄罗斯古典作家作品丛书》、《民间读物丛书》、儿童杂志《北极光》、大型文艺刊物《红色处女地》等；担任改善科学家生活条件委员会主席并出席了共产国际第二次代表大会。1921 年夏，高尔基肺病加重，在列宁劝说下出国就医。旅居国外近 10 年的时间里，宣传苏联的成就，谴责白卫分子反对苏维埃政权的活动，并先后完成了自传体三部曲的最后一部《我的大学》、回忆录《列夫·托尔斯泰》

（1919—1923）和《列宁》（1924—1930）、长篇小说《阿尔塔莫诺夫家的事业》（1925）等。《我的大学》概括了 19 世纪 80 年代中期俄国复杂的社会政治生活，记叙了作家在"社会大学"里经过艰苦探索和锻炼，走上革命道路的历程。在《列夫·托尔斯泰》中作者形象地再现了文学巨人丰富、复杂而又充满矛盾的精神世界，指出了他的伟大与弱点。《列宁》则令人信服地凸现了一位"空前未有的历史人物"，一个"大写的人"的形象。《阿尔塔莫诺夫家的事业》是一幅对俄国资本主义独特历史命运的艺术写照。它描绘了俄国资本主义从农奴制改革后到十月革命前半个世纪从发生、发展到覆亡的历史，揭示出它在俄国先天不足和寿命不长的特点。创业者伊里亚原是个农奴，获得自由后办起了工厂，成了巨富，可惜他过早地死了；其长子彼得却缺乏父亲所具有的敬业精神和坚强性格；到了第三代就更不行了。这三代人一代不如一代地"退化"，是由资产阶级本身的寄生性所决定：他们对劳动越来越不感兴

趣。因此这种"退化"并非生物学原因，而是社会发展规律的历史必然。对阿尔塔莫诺夫家族三代人的刻画，从心理上和道德上表现了资产阶级的衰落。

高尔基晚年的创作和社会活动热情仍然很高。1928、1929年曾两次长途旅行，走遍苏联各地。《苏联游记》（1929）写的就是这两次旅行的观感。全书由5篇特写组成，以新旧俄罗斯的对照，记述了苏联各地社会主义建设及其变化，表彰了劳动的伟大、新人的成长，同时也表达了对旧残余的无比厌恶。从1930年起高尔基创作了一系列的剧本，如《索莫夫及其他人》（1931）、《耶戈尔·布雷乔夫及其他人》（1932）、《陀斯契加耶夫及其他人》（1933）等，并改写了以前的一个剧本《瓦萨·日烈兹诺娃》（1935）。这些剧本均属批判旧世界的题材，有的写没落阶级的精神空虚，有的批判知识分子的道德蜕化，有的反映资本主义腐败和堕落的过程，有的表现畸形社会的畸形儿，以戏剧形式反映走向末路的资本主义与新生的社会主义之间的剧烈冲突。

高尔基的绝笔之作是四部曲史诗巨著《克里姆·萨姆金的一生》（1925—1936，未完成）。这是作家全部创作生涯和艺术经验的总结。为了完成这部巨著，作家作了长期、充分的思想准备，在艺术上进行了一系列的革新和尝试。晚年的高尔基思考最多的仍然是俄国历史、俄国人民和俄国革命。在这部史诗式的作品里，作者以其既是艺术家又是历史学家的如椽巨笔，全面而生动地再现了俄国革命前40年纷繁复杂、光怪陆离的社会生活画卷；成功地塑造了一个资产阶级知识分子的典型，并通过这个典型深刻地批判了萨姆金式的市侩习气与作风。但作品不仅揭示和否定了萨姆金个人及其卑劣的灵魂，同时也揭示和否定了产生萨姆金这种人的那个环境，那个制度，那个俄罗斯。作者更深层的思想是要研究和批判整个俄罗斯的民族劣根性，让读者认识旧的俄罗斯，看到俄罗斯人的灵魂及其文化心理的积淀。作品再现了俄国社会各阶级、各阶层、各流派团体、不同职业、不同类型几百个人物的众生相，折射出社会上各种政治、哲学、宗教、美学等方面的不同观点，凸现出各色各样的人生态度、思想模式和价值观念，但作品中的人民始终都作为积极的力量活跃在历史舞台上。在艺术表现方面，通过这部作品我们也看到了作家与其前期创作判若两人的变化。作者运用了大量非写实的手法，如独白、意识流、讽喻、象征等，把萨姆金的变幻不定的个性、支离破碎的意识和心理活动揭示得淋漓尽致。这一切说明，高尔基的晚期创作无论其内容的深邃还是形式的独特，均达到了一个全新的高度。

高尔基晚年对社会政治和文化活动仍然非常积极。他热情参与保卫世界和平的事业，团结国内外进步文化人士，组织苏联作家协会，任作协主席并亲自主持召开了第一次全苏作家代表大会。1935年被选为苏维埃中央执行委员会委员。作为苏联社会主义文学的奠基人，早在十月革命前高尔基就提出，应以现实主义与浪漫主义相结合的方法作为新时代文学创作的方向；革命

后，他对苏联文学的创作方法进行了更深入的探讨。他在确定苏联文学的创作方法，批判自然主义、形式主义，坚持社会主义现实主义的原则上也做出了卓越的贡献。他从自己长期创作实践（即从《母亲》的创作开始）出发，融会了宝贵而丰富的艺术经验，全面而精辟地阐明了这一创作方法的基本原则：①社会主义现实主义"只有要反映劳动实践所产生的多种社会主义创造事实时，才会在文学中出现"，也就是说，它"是以社会主义经验为基础的现实主义的形象思维"；②以马克思主义世界观为指导，"高瞻远瞩"，从革命发展的观点观察事物，描写事物；③"它的主要任务是通过形象地描绘事实、人物以及人们在劳动过程中的相互关系的方法来肯定社会主义"。

高尔基的作品从20世纪初开始便大量被介绍到中国来。鲁迅、瞿秋白、夏衍、巴金等中国文化巨匠们都是高尔基作品积极的翻译、介绍者。高尔基的文学作品和文艺理论对中国革命文艺的成长产生过深远影响。

帕斯捷尔纳克

苏联作家。生于莫斯科一艺术家家庭，卒于莫斯科附近的佩列杰尔金诺。父亲是画家，母亲是钢琴家。从小受到良好的教育和艺术熏陶。1909年进入莫斯科大学哲学系学习，后转到德国马尔堡大学研读新康德主义。但他最喜欢的还是诗歌，大学时代就参加了象征派的活动。1913年与阿谢耶夫、鲍勃罗夫（1889—1971）等人组织了未来派的"离心机"小组，并与马雅可夫斯基等人接近。1914年出版第一本诗集《云雾中的双子星座》，抒发诗人对大自然、爱情的个人感受。第二本诗集《超越障碍》（1916），除几首政治历史题材的诗《普列斯尼亚十周年》《彼得堡》等外，大部分仍是诗人对个人命运和对自然事物的瞬间感受。第三本诗集《生活，我的姊妹》（1917年写就，1922年发表），则力图记录诗人所感受的丰富多彩的人生。

十月革命后，他的父母和两个妹妹均移居柏林，自己则留在国内继续文学创作。1923年，诗集《主题与变奏》出版。其中一部分诗直接记叙了诗人革命后的精神经历和感受，如《疾病》《破裂》《快活的花园》等，但大多数作品仍是抒写大自然的主题，内容庞杂，文体上大量使用譬喻、借喻，用词冷僻、玄奥艰深。高尔基曾指出："我知道您的诗里有许多好的东西，但我只希望它能更多一些简朴。"诗人的创作思想在20世纪20年代中期开始有所变化。先后完成了列宁题材的长诗《崇高的疾病》（1924），两部革命历史题材的叙事诗《施密特中尉》（1926—1927）和《1905年》（1927）。这几部作品立意明确，感情真挚，同作者前期诗歌相比，显得清雅、明朗、质朴。高尔基高度评价了长诗《1905年》："……这显然是一部佳作，这是真正诗人的声音，而且是有社会意义的诗人的声音，这里的社会意义是取其最好、最深的含义而言的。"30年代作者还有几部著作：自传体回忆录

《安全通行证》(1929—1931)，反映十月革命时期普通人命运的诗体小说《斯彼克托尔斯基》(1931)，抒写高加索风情的诗集《再生》(1932)。当时苏联文艺界对诗人的评价褒贬不一，布哈林称赞他是"我们当代诗坛的巨星"，另一些批评家则对其诗歌及艺术手法提出颇多责难。诗人有一段时间停止创作而去翻译莎士比亚、歌德、席勒、裴多菲等人的作品。

卫国战争期间，诗人在爱国主义思想驱使下，重新拿起笔，写了不少好诗，如《在早班列车上》(1943)、《冬天的原野》(1945)、《雨霁》(1956)等，表现了诗人对祖国和人民的炽热感情。1956年完成长篇小说《日瓦戈医生》，作品表现出对十月革命和苏联社会的怀疑和反感。1957年小说在意大利出版。1958年获诺贝尔文学奖，遭到国内舆论的强烈反对。苏联作协宣布开除他的会籍，并展开对他的严厉批判。帕斯捷尔纳克不得不拒绝接受这项奖金。他的最后一本诗集是《到天晴时》(1956—1959)，流露出凄凉悲痛的情调。

马雅可夫斯基

苏联诗人。生于格鲁吉亚库塔伊西省巴格达吉村，卒于莫斯科。父亲是林务官，具有民主思想。1905年俄国第一次革命时期，积极参加罢课和群众游行。1906年父亲去世后，全家迁居莫斯科，他进入莫斯科第五中学学习，并开始接触进步思想和革命者。15岁便加入社会民主工党，曾在两年内三次被捕，在监狱里阅读了包括现代主义和古典文学在内的许多作品。这时尚未成年的诗人陷入了思想矛盾：他把革命工作与艺术活动对立起来。1910年出狱后，他离开了党组织，转学绘画。1911年考进莫斯科绘画雕刻及建筑学校，并在这里结识了未来派诗人布尔柳克，开始学习写诗。1912年与布尔柳克等人共同发表未来派的第一个宣言《给社会趣味一记耳光》，宣称"要把普希金、陀思妥耶夫斯基、托尔斯泰等从现代轮船上丢下水去"。

马雅可夫斯基从1912年开始写诗。此时，诗人尚不满20岁。他一方面不满于现存制度，不满于现存艺术，对资产阶级的艺术、爱情、生活方式和宗教表示愤怒和抗议；另一方面又带着青年人的狂想与杜撰，带着先锋派的一套文艺观登上文学舞台。最初的作品对现存制度，特别是对资本主义的城市生活进行了无情的抨击，如《夜》（1912）、《晨》（1912）、《城市的地狱》（1913）、《给你们》（1915）等，都是对资本主义大城市喧嚣、糜烂生活的揭露和批判。还有一些讽刺诗，如《法官颂》《吃喝颂》《学者颂》《贿赂颂》等（均1915年）无情鞭挞了资产阶级和市侩们的种种腐败现象。1916年，在长诗《战争与世界》里，则揭露了第一次世界大战给人民带来的痛苦和不幸。

爱情主题的抒情长诗是他早期创作的重要成就之一。《穿裤子的云》（1914—1915）是他第一部描写爱情悲剧的抒情长诗。故事发生在敖德萨，主人公爱上了玛丽雅，他们约定时间相会，但她却没有来。他终于醒悟了：在资产阶级社会里，爱情也是要用金钱交易的。富人买去了玛丽雅的爱情。长诗通过主人公的爱情悲剧，有力地针砭了现存制度无处不在的金钱关系。1918年重新发表此诗时，作者明确它的主题是："打倒你们的爱情，打倒你们的艺术，打倒你们的制度，打倒你们的宗教。"并称这首诗是他革命前的一篇纲领性的作品。《脊柱横吹》（1915）是《穿裤子的云》的续篇。指出"金钱、爱情、激情"三位一体的公式仍然是真正人际关系的障碍。没有钱，你就应该弃绝一切幸福，包括爱情的欲望。这些诗虽包含着重大的社会内容，但在艺术表现上却是形式主义的标新立异：形象怪诞，语言艰涩。长期以来，人们往往只重视诗人的政治诗，而忽视他的爱情诗，其实爱情诗在他的创作中也占有相当的比重。十月革命前，除上述两部爱情诗外，还有一部长诗《人》（1916—1917），主要突出了"爱心"的形象，并通过这个形象衬托出诗人所向往的纯真的爱情；十月革命后，诗人仍未放弃爱情主题的创作，继续写出了《我爱》（1922）和《关于这个》（1923）等，所不同的是，十月革命前写的爱情诗是悲剧结局，革命后写的长诗则表现了爱情的欢乐和力量。诗人既写了"巨大的爱"，也写了"巨大的恨"，同时无情地鞭挞了小市民的庸俗爱情。

十月革命后，他的创作进入了新的阶段。诗人把十月革命称作"我的革命"。1918 年写了《我的进行曲》《革命颂》《给艺术大军的命令》《左翼进行曲》等一系列颂扬十月社会主义革命、反对帝国主义武装干涉、表达自己对革命事业必胜信念的诗篇。《宗教滑稽剧》（1918），借《圣经》中关于洪水的传说故事，嘲讽资本主义的覆亡。他以高亢的革命热情，开辟"罗斯塔之窗"，以诗配画，进行广泛的政治宣传鼓动工作。据统计，仅在 1920 年前后就画了约 3000 幅招贴画，写了 6000 首短诗。这些诗和画在今天看来虽算不上有怎样的艺术价值，却不失为珍贵的历史文献资料。

1920 年发表长诗《一亿五千万》。这首诗是诗人创作的过渡性作品，内容叙述了代表俄罗斯人民的伊凡战胜了美国总统威尔逊，但在艺术上尚未脱出形式主义的窠臼，受到列宁的批评。不过，1922 年发表的讽刺整日沉湎于会议的官僚主义者的《开会迷》一诗却得到列宁的

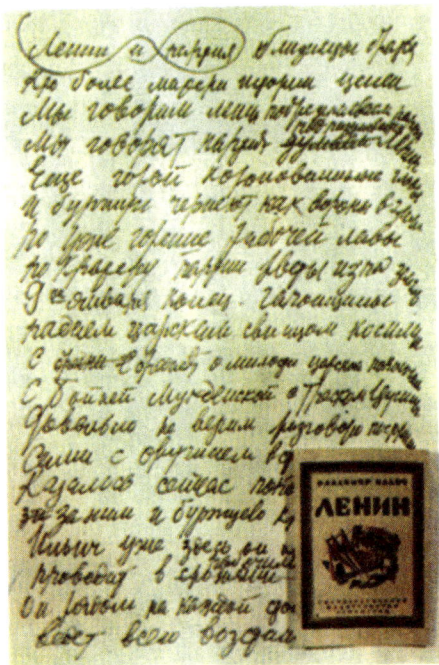

爱情长诗《人》的手稿及初版

051

好评。20世纪20年代，诗人到过欧美许多国家访问。1925年访美后写的组诗和特写《我发现了美洲》等作品，高度评价了美国的科学技术，同时揭露了美国社会的贫富悬殊现象。两种社会的对比使他加深了对社会主义优越性的认识。

国内战争结束后，诗人满怀爱国主义热情投入到社会主义建设中，宣称要把文艺作为一种武器，为革命为祖国服务。1924—1930年是诗人思想上和艺术上的成熟期。他创作了大量讴歌社会主义建设、颂扬革命领袖、赞美新人新事的诗篇，如《列宁》《致奈特同志——船和人》《奇迹》《好！》《给我们的青年》《苏联护照》《赫列诺夫讲库兹涅茨克建设和库兹涅茨克人的故事》等。读《列宁》（1924）一诗，可以体会到诗人已接受了历史唯物主义观点，艺术上也摆脱了过去抽象化、概念化和矫揉造作的毛病，用通俗的文字成功地塑造了一个平凡而又伟大、质朴而又崇高，深受人民尊敬与爱戴的无产阶级革命领袖的形象，辩证地处理了英雄与群众、个人与集体、领袖与

政党等多方面的相互关系问题。全诗把概括性的综合与细节描写结合起来，把叙事和抒情融为一体，被认为是苏联社会主义现实主义诗歌的代表作。《致奈特同志——船和人》（1926）歌颂了一名普通的无产阶级战士。《赫列诺夫讲库兹涅茨克建设和库兹涅茨克人的故事》（1929）则是一曲对艰苦奋斗的社会主义建设者的赞歌，同时表现了作者对祖国美好未来的信念。

1927年，为庆祝俄国十月革命胜利10周年，诗人满怀豪情地创作了著名长诗《好！》，叙事与抒情相结合，具体而真实地描绘了苏维埃共和国在斗争的烈火中诞生，在艰难困苦中成长，终于走向繁荣昌盛的艰巨而又光辉的历程。诗人满腔热情地为祖国的每一项成就欢呼和骄傲，字里行间洋溢着诗人崇高而炽热的爱国主义激情。卢纳察尔斯基称《好！》是"十月革命的青铜塑像"。诗人在赞颂美好事物的同时，仍未忘记揭露和批判一切丑恶的事物。在建设时期，他把批判的矛头对准社会和政府内部的官僚主义、贪污腐化、市侩习气、流

氓作风等一切腐败行为和不正之风。其中最著名的作品有《情面》（1926）、《官僚制造厂》（1926）、《官老爷》（1928）、《胆小鬼》（1928）、《舔功》（1928）及讽刺剧本《臭虫》（1928）和《澡堂》（1929）等。诗人以夸张的手法、尖刻的讽刺和强烈的愤怒抨击了一切腐朽黑暗现象。长诗序曲《放开喉咙歌唱》是他最后的作品，在诗中他总结了自己的创作经验，同时满怀信心地面向未来。

马雅可夫斯基的思想和创作道路比较复杂。1930年4月由于文艺界的派别斗争和个人思想上的矛盾，他精神上陷入了危机，一时未能解脱，酿成了自杀的悲剧。诗人是中国人民的忠实朋友，他把《不准干涉中国！》和《最好的诗》等诗篇献给中国人民。他的大部分诗作都已译成中文，受到中国读者的喜爱，并在各种演唱会上朗诵。

奥斯特洛夫斯基

苏联俄罗斯作家。生于工人家庭。初级教会小学毕业后，做过杂工。1919年进发电厂充当司炉助手。同年乌克兰解放，加入共青团，并参加红军奔赴前线。1920年因重伤复员，进铁路工厂任助理电气技师。1923至1924年担任乌克兰边境地区共青团的领导工作。1924年加入共产党。1927年由于病情恶化而全身瘫痪，双目失明。他以惊人的毅力和顽强的精神，在病榻上创作了长篇小说《钢铁是怎样炼成的》（1932—1935）。这部小说根据作家的亲身经历，描写十月革命以后直至社会主义工业化建设初年苏联无产阶级在布尔什维克党领导下战胜一切敌人和种种困难的伟大斗争，显示青年在革命的烈火中锻炼成长，歌颂他们在保卫苏维埃政权和建设社会主义斗争中的英雄业绩和献身精神。书中主人公保尔·柯察金是苏联文学中最卓越的英雄形象之一，具有崇高的革命品德，为共产主义事业而奋不顾身地战斗和劳动。当他卧病不起的时候，仍然以坚韧不拔的意志坚持写作，把整个生命和全部精力献给人类最壮丽的事业——为人类的解放而斗争。这部作品早在1942年就由梅益翻译成中文出版，保尔·柯察金的形象鼓舞了我国青年读者。

1934年奥斯特洛夫斯基加入苏联作家协会。1935年，苏联政府为了表彰他的文学功绩，授予他列宁勋章。从1934年起，他开始写作反映国内战争时期无产阶级为苏维埃政权而斗争的长篇小说《暴风雨所诞生的》（三部曲中的第一部），1936年完成。同年12月22日病逝。除上述两部小说外，他还发表了大量有战斗性的政论和演说。

肖洛霍夫

苏联作家。生于顿河军屯州维奥申斯卡亚镇克鲁日伊林村一个店员家庭，卒于维奥申斯卡亚。只上过几年学。1920年参加工作，做过卡尔金镇革命委员会办事员、扫盲教师、宣传员等，并加入业余剧团，写过剧本。少年时代有过两次临死的生活体验：一次是1920年秋做武装征粮队员时被马赫诺匪帮俘虏，差一点丧命；另一次是在1922年做粮食检查员时，革命法庭认为他越权而被判处枪决，后因尚未成年而作罢。这种具有时代悲剧性的残酷的生活体验，后来在他的作品中幻化成独特的艺术活力。1922年秋为了学习和创作去莫斯科。1923年参加莫斯科"青年近卫军"小组，开始写作。1924年加入俄罗斯无产阶级作家联合会（"拉普"）。1932年加入苏联共产党（布）。他的第一篇作品是小品文《考验》（1923），1926年作品集《顿河故事》和《浅蓝的原野》出版。他的早期作品多以国内战争顿河地区的生活和建立苏维埃政权的斗争为题材，通过简洁生动的语言、离奇的情节和严谨的结构，揭示了内战时期哥萨克内部阶级冲突的尖锐性和悲剧性。革命的天翻地覆的变化也反映到家庭、亲人之间，常使兄弟父子成为两个不同营垒的代表人物。如《胎记》（1924）中的匪帮小头目杀死了担任红军指挥员的自己的儿子；《看瓜田的人》（1925）中，村战地法庭警卫队长打死同情红军俘虏的自己的妻子，他的小儿子为了从父亲手里救出当红军的哥

哥，又杀死了父亲。作者注重描写事件的戏剧性，塑造了一些具有鲜明性格的人物形象，在1925年发表的《共和国革命委员会主席》《野山鬼》《道路》等诸篇中均很突出。这些作品显示出作者的洞察力和择取典型特征的能力，但也带有某些自然主义色彩和滥用方言土语的弊病。

1925年秋开始创作鸿篇巨制《静静的顿河》（共4部，1928—1940），小说描绘1912—1922年间两次革命（二月革命和十月革命）、两次战争（第一次世界大战和国内战争）中的重大历史事件和顿河的哥萨克在这10年中的动荡生活，反映了广大哥萨克在复杂的历史转

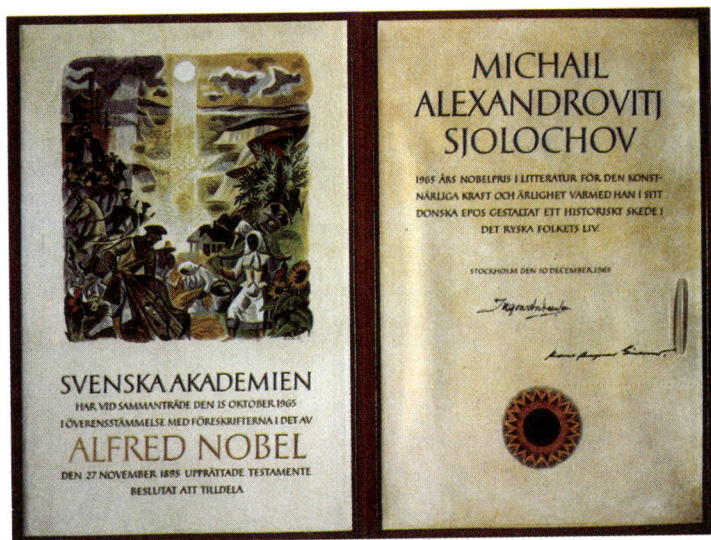

《静静的顿河》诺贝尔文学奖证书

折中所经历的曲折道路以及卷入历史事件大漩涡中的主人公葛利高里的悲剧命运。小说获 1941 年斯大林奖金。1930 年写作反映苏联农业集体化运动的长篇小说《被开垦的处女地》（又译《新垦地》。第一部 1932 年完成；第二部 1960 年完成，获列宁奖金）。小说描写了顿河格列米雅其村进行社会主义改造的急风暴雨般的历史变革，反映了贫农、中农和富农、潜藏的反革命分子两个营垒之间错综复杂的斗争，表现了农民尤其是中农从个体经济走向集体经济的痛苦转变过程，塑造了农业集体化的领导者、布尔什维克达维多夫以及中农梅坦尼可夫、狡猾的富农奥斯特洛夫诺夫等典型形象。小说第一部充满集体化时期暴风雨般的紧张气氛和革命激情；第二部则着重表现 50 年代大力提倡的人道主义精神，情节发展趋于缓慢，社会历史主题往往通过伦理道德主题表现出来。

30 年代肖洛霍夫曾多次就集体化问题和肃反问题上书斯大林，反映地方干部违法乱纪、为所欲为以及由此给人民造成的痛苦和灾难。从这些信中可以看到在现实生活中和艰难时势中肖洛霍夫的为人，作为一个作家，他同人民共命运的无所畏惧的精神。

卫国战争时期，作为前线军事记者，写了许多随笔和短篇小说。1943 年开始发表反映卫国战争的长篇小说《他们为祖国而战》部分篇章，作者生前未完成全书。战后，苏联人民以无畏的精神和英勇的气魄在废墟上重建家园，开拓未来。这段历史在肖洛霍夫的随笔《祖国颂》（1948）、《光明与黑暗》（1949）和《伟大建设的初生儿》（1952）中都有真实生动的描写。1957 年发表短篇小说《人的命运》（又译《一个人的遭遇》），描写主人公索科洛夫在战争中遭受的沉重痛苦和他的刚毅精神，表现出人在战争中的艰难历程和战争给人造成的悲剧命运。

肖洛霍夫曾任苏联作家协会理事（1934 年起）、苏联科学院院士（1939 年起）、苏共中央委员（1961 年起）、最高苏维埃代表。1965 年获诺贝尔文学奖。他的大多数作品均有中译本。

欧 文

美国作家。生于纽约，卒于纽约塔里敦。父亲是纽约富有的五金商人，长老会执事，政治上反对英国殖民统治；他敬重华盛顿，因而给儿子取名华盛顿。

欧文幼年时体弱多病，16 岁辍学，先后在几个律师事务所学习法律；但他对法律并没有兴趣，喜爱文学，喜爱漫游，并且读了不少文学作品。1804 年因病赴欧洲休养，到过法国、意大利和英国，曾一度想成为画家。1806 年回国，先在弗吉尼亚州担任律师，后帮助他的两个哥哥经营进口生意。他对法律和经商之道都不甚精通。这时他与律师霍夫曼的女儿玛蒂尔达订婚，玛蒂尔达于 1809 年早死；后来他虽有过几次恋爱，却一直过着独身生活。

1807 年，他和哥哥威廉等人共同创办一种不定期刊物《杂拌》，沿袭 18 世纪英国作家斯威夫特、菲尔丁以及艾迪生和斯梯尔的《旁观者》的传统，开始了文学创作活动，显露出他的幽默、风趣和含蓄的讽刺才能。

欧文的第一部重要作品是化名狄德里希·尼克尔包克尔所写的《纽约外史》（1809）。书中讽刺荷兰殖民者在纽约的统治，驳斥殖民主义者为奴役和屠杀印第安人所制造的荒谬的论据。此后 10 年，他除英美战争期间曾于 1814 年担任过短期军职之外，一直在帮助他的哥哥经商。1815 年去英国利物浦在他哥哥所开设的分行工作；1818 年

《纽约外史》插图

分行因战后经济萧条而倒闭，欧文从此留居英国，以写作为生。

1819年，欧文陆续发表许多散文、随笔和故事，共32篇，于1820年结集为《见闻札记》出版，引起欧洲和美国文学界的重视。这部作品奠定了欧文在美国文学史上的地位。其中的散文《威斯敏斯特教堂》、短篇小说《瑞普·凡·温克尔》和《睡谷的传说》等，都是脍炙人口至今不衰之作。欧文还在《英国作家论美国》一文中回答了一个英国作家以极为轻蔑的口吻提出来的问题："有谁会读一本美国的书呢？"欧文说："……荣誉和声望并不单靠英国的意见，广大的世界才能给一个国家的名誉做出公断。"有人认为欧文的这篇文章可以看成美国文学的独立宣言。

之后，欧文写了体裁相似的《布雷斯布里奇田庄》（1822）和故事集《旅客谈》（1824），这两部作品都较《见闻札记》逊色。1826年，欧文在马德里任美国驻西班牙大使馆馆员。1828年发表《哥伦布的生平和航行》。1829年发表《攻克格拉纳达》；同年曾到格拉纳达的摩尔人故宫阿尔罕伯拉游览，后出版游记、随笔和故事集《阿尔罕伯拉》（1832）。

欧文在《阿尔罕伯拉》中以优美的笔调描绘西班牙险峻而悲凉的荒山原野，具有南国情调的幽雅的园林，质朴豪爽的西班牙人民及其风俗人情，同时也生动地叙述了西班牙民间和历史上有关摩尔人的神话和传说。在《阿拉伯星占家的传说》里，欧文利用一个流传很广的传说，揭露了侵略成性的统治者阿本·哈巴兹残忍荒淫的面目，以及道貌岸然、以哲人自居的星占家的卑鄙丑恶的灵魂。在《摩尔人遗产的传说》里，欧文塑造了朴实勤劳、见义勇为的卖水的贩子柏勒吉尔，与贪婪暴戾的法官和警察做对比。

欧文曾担任美国驻英公使馆秘书。被牛津大学授予名誉法学博士学位。英国皇家学会也向他颁发了勋章。1832年欧文回到美国，写了《草原游记》和《阿斯托里亚》（1836）。1842—1846年欧文再度赴马德里，出任美国驻西班牙公使。晚年在他曾经描写过的睡谷附近度过。这一时期的主要作品是3部传记:《哥尔德斯密斯传》(1840)、《穆罕默德及其继承者》(1849—1850)和5卷本《华盛顿传》(1855—1859)。其中以《哥尔德斯密斯传》写得较好。

欧文是散文大师,是美国文学奠基人之一。他的文笔优雅自然,清新精致,时常流露出温和的幽默。他能在描写现实生活的细节中巧妙地体现他的幽默与幻想。浪漫气息给他的散文和短篇小说增添了不少风采和魅力。他厌恶资产阶级的浅薄与庸俗。他从资本主义前的传统观点出发,对殖民主义者的无耻欺诈和残酷剥削以及他们屠杀印第安人的罪行进行讽刺和揭露,讽刺往往都能击中要害而不失之于尖刻。他的一些优秀散文和故事已成典范。缺点在于书卷气较重,有时流露出感伤的情绪。

欧文的作品是中国读者所熟悉和喜爱的。他的几部名著早已经林琴南介绍过,其中有《拊掌录》(即《见闻札记》)、《旅人述异》(即《旅客谈》)和《大食故宫余载》(即《阿尔罕伯拉》)。中华人民共和国建立后翻译的有《阿尔罕伯拉》《欧文短篇小说选》和《见闻札记》。

爱伦·坡

美国诗人、小说家、批评家。生于波士顿,卒于巴尔的摩。他的父母都是江湖艺人,在他幼年时先后死去。1811年他由弗吉尼亚里士满商人爱伦收养,随爱伦夫妇去英国。1815—1820年在伦敦郊区的小学受教育。回里士满后,进入弗吉尼亚大学学习一年。曾参加美国陆军,被选送至西点军校。1831年因故被军校开除,在巴尔的摩、里士满、纽约与费城等地写稿,曾在《南方文学使者》《伯顿绅士杂志》参与编辑工作。1835年与表妹克莱姆结婚;1847年妻子病故,此后精神日益失常。

爱伦·坡的诗集有《帖木儿》(1827)、《艾尔·阿拉夫》(1829)、《诗集》(1831),诗中大多是古怪、

奇特、病态的形象。他强调写忧郁的情绪，著名的《乌鸦》（1845）一诗就是这方面的代表作。这首诗悲叹死去的爱人，流露了诗人阴郁的心理。诗中的乌鸦对诗人的一切提问都以"永不复返"作答，表达了一种绝望的情绪。这是他诗歌的基调。

爱伦·坡的短篇小说也颇有影响。他大约写了70篇短篇小说，收在《述异集》（1840）中。他自称他的小说的特点在于"把滑稽提高到怪诞，把害怕发展到恐惧，把机智夸大成嘲弄，把奇特变成怪异和神秘"。他的小说大致可分为恐怖小说和推理小说。前者包括《厄舍古厦的倒塌》《红色死亡假面舞会》《莉盖亚》《黑猫》《阿芒提拉多的酒桶》等；后者如《莫格街谋杀案》《被窃的信件》《马里·罗盖特的秘密》《你是那人》《金甲虫》等。《莉盖亚》被认为是他最好的小说。他的短篇小说都有独特的风格，故事大多发生在奇怪的地方，如倒塌的僧院、莱茵河上的城堡的黑夜或黑暗的密室，衬以刻意渲染的朦胧或凄惨的气氛。男女主角都是旧日的贵族（极少美国人），他们博学多才，但是劫数难逃。

爱伦·坡开创了美国侦探小说和科幻小说的先河，在西方还被认为是侦探小说的鼻祖，他的上述这类小说，对西方侦探小说的发展有一定的影响。

爱伦·坡的文学批评论著有《创作哲学》（1846）、《诗歌原理》（1850）等。他认为诗应该以美为目标，写诗应该严格遵守格律。文艺既不是客观现实的反映，也不是作家内心世界的抒发，而是一种所谓"纯艺术"，为了创造某种"预定的气氛"而给人以"美的享受"。

爱伦·坡的作品集

惠特曼

美国诗人。生于纽约州长岛，卒于卡姆登。父亲务农，因家贫迁居布鲁克林，以木工为业，承建房屋。他对空想社会主义思想家和民主思想家潘恩的作品很感兴趣，并深受其影响。曾在公立学校求学，任过乡村教师；童年时还当过信差，学过排字，后来在报馆工作，成为编辑。1846 年 2 月至 1848 年 1 月之间，担任《布鲁克林之鹰》的编辑。1848 年去新奥尔良编辑报纸，不久回到布鲁克林。此后的五六年中，他帮助年迈的父亲承建房屋，经营小书店、小印刷厂，同时广泛结交船夫、领航员、马车夫、机械工、渔夫、杂工等朋友。

1855 年《草叶集》的第 1 版问世，共收诗 12 首。

惠特曼自称是个喜欢户外生活的人，他虔诚地崇拜自己赤裸裸的、无罪的肉体。认为性的结合就是肉体和灵魂的结合；灵与肉是人体不可分割的一个东西的两个方面。惠特曼思想中也有不少唯心主义和神秘主义的东西，在这里表现为上帝和"宇宙灵魂"的存在。他并不信奉基督教，有时把上帝称作长兄或同志，但有时又认为有一个像爱默生的"超灵"那样的上帝存在。这是一个抽象的原则，存在于万物之中，因此每一个微小的生物或物件都包含着广阔的世界，都是神圣不可侵犯的，而且每一个男人或女人也都有一个神圣的"自己"。与此相联系的是他关于"死亡"的看法，他并不认为"死亡"就是一切的消灭，"死亡"恰好是一种属于精神的、新生命的开始，而且是一种更高的生命。

1856 年，《草叶集》第 2 版出版，共收诗 32 首。

惠特曼在 19 世纪 50 年代后期和 60 年代曾草拟过许多演讲词，其中最重要的一篇是《论第十八届总统选举》，是在 1856 年总统大选之年写成；惠特曼这时脱离了民主党，支持新成立的反对奴隶制的共

和党及其总统候选人。他在演讲词中指责 16、17 届总统完全支持奴隶主的利益；他要求消灭蓄奴制，甚至要求用武力来反对"逃亡奴隶法"，他也讽刺了议会里的政客和官僚，要求普通人和青年工人进入国家机构。这篇文章直到 1928 年才出版。

1859 年，《星期六周刊》的圣诞专号上刊出了惠特曼的一首优秀抒情诗《从永不休止地摆动着的摇篮里》，这是一首爱情和死亡的颂歌。仅在 1859—1860 年一年之中，这家周刊就刊载了始终受着冷遇的惠特曼的大约 25 篇作品和评论惠特曼的文章。惠特曼应波士顿一出版家之请印行了《草叶集》的第 3 版（1860）。

南北战争期间，惠特曼作为一个坚定的民主战士，在 1862 年年底战争激烈进行时主动到华盛顿去充当护士，终日尽心护理伤病的兵士，以致严重损害了健康。他的生活十分艰苦，借抄写度日，把节省下的钱用在伤病员身上。

战后惠特曼在内政部的印第安事务局任小职员，不久部长发现他是《草叶集》的作者，把他解职；后来他在司法部长办公室供职 8 年。由于在内战中受到了锻炼，增加了阅历，思想认识也得到了提高，他的创作进入了一个新的阶段。

1867 年出版的《草叶集》第 4 版只有 8 首新诗，都是并不出色的短诗，但是收入了《桴鼓集》及其续集。值得注意的是 1871 年发表的长篇文章《民主远景》，它总结了作者的文艺观和政治主张。与第 1 版《草叶集》的序言相比，惠特曼在这篇文章中对于美国的民主制度有了深刻得多的认识。而对劳动人民和普通群众的热爱和信任则始终十分坚定，他认为未来的美国文化和民主国家要靠他们来创造，但是当前的情况却完全不理想。这篇文章表明他在思想上的成熟。

《草叶集》的第 5 版在 1871 年和 1872 年各印刷了一次。第一次增收 13 首新诗，第二次收入评论家公认为诗人最后一首重要的长诗《通向印度之路》和少数几首新诗，其中有《啊，法兰西的明星》。1873 年 1 月他身患瘫痪症，以后始终没有恢复健康，创作从此也一蹶不振。但他的乐观主义，对生活的热爱和敏感，他的民主理想等还是至死不衰。1884年3月他在卡姆登买下一所小屋，并在那里终老。他的晚年郁郁不得志，除编印了几个版本外，偶尔写些诗文，在英美两地的报刊发表。1876年他出版了《草叶集》第6版，以纪念《独立宣言》100周年。

1882年诗人出版了他的散文集《典型的日子》，其中包括《民主远景》一文。1888年出版的《十一月枝桠》，收入62首新诗和一些文章，序言题为《回顾曾经走过的道路》，集中的诗篇后来收入《草叶集》的第8版（1889），并成为"附诗一"。1891年费城的出版家出版惠特曼的新作《再见吧，我的幻想》，其中的诗篇成为《草叶集》的"附诗二"。《草叶集》的第9版（1892）包括"附诗一"《七十之年》和"附诗二"《再见吧，我的幻想》。诗人去世后的遗诗《老年的回声》，作为"附诗"，收入1897—1898年出版的集子，后来的全集也都收入。现在通用的全集是所谓"临终版"，即1892年出版的第9版。

惠特曼是土生土长的美国作家，并不崇拜古老的欧洲文明，而是全心全意为建立美国式的、民主的文学而奋斗。但他不是沙文主义者，他十分关心欧洲的革命运动，曾写过不少诗歌加以鼓励和祝贺，是个热情的国际主义者。

惠特曼故居

惠特曼诗歌的艺术风格和传统的诗体大不相同。他一生热爱意大利歌剧、演讲术和大海的滔滔浪声。这是惠特曼诗歌的音律的主要来源。他只有极少几首用传统诗法写成的诗歌，如流行的悼念林肯之歌《啊，船长啊，我的船长！》。他的诗行比较接近口语和散文诗的节奏，没有韵，也没有极为规律的重音，因而更加接近于他所要表达的思想感情。他的诗歌经得起推敲，而散文则常常显得粗犷、松散而庞杂。他的思想感情和泛神论的宇宙观不受传统习惯的约束和限制，但诗体仍有规律可循，其较显著的特点是思想、形象和用词、造句上的平行法。最浅显的平行法是两行或多行诗的语法结构相同或每行中的思想相类似，甚至词类也相同。更加常见的是每一句的句首是同一个词、词类，或同一个短句。诗句没有传统的一定数量的重音，但仍有节奏，有如海浪的节奏、口语的节奏、朗诵的节奏。一句诗不一定以重音为单位，而可以用思想、语调、标点符号或停顿为单位；一节诗或整首诗不一定按逻辑构成，而是由弱到强、由少到多，通过累积过程直到高潮。此外，也有整首诗的结构模拟意大利歌剧的形式。

惠特曼的诗歌对中国"五四运动"以后的新诗创作产生了很大的影响。郭沫若译过惠特曼的一些诗，从他的《地球，我的母亲》等诗中可以看出受惠特曼影响的痕迹。

马克·吐温

美国作家。塞缪尔·朗赫恩·克莱门斯的笔名。生于密苏里州佛罗里达镇，卒于康涅狄格州雷丁。成长于密西西比河上的小城汉尼拔，父亲是个不得意的乡村律师和店主，在他12岁时去世。他曾拜师学习排字。1851年在他的哥哥欧莱恩开办的报馆中充当排字工人，并开始学习写作幽默小品。1853年后在美国中西部和东部做排字工人。1856年去新奥尔良，想转道去巴西，在乘船沿密西西比河南下时遇见老舵手贺拉斯·毕克斯比，拜他为师，18个月出师后在密西西比河上担任舵手，直至内战爆发，水路交通断绝。在战争中他曾一度参加南军。1861年欧莱恩被林肯总统派去西部内华达领地政府任秘书，他随同前往，试图在经营木材业与矿业中发财致富，均未成功，便转而以写文章为生。1862年在内华达弗吉尼亚城一家报馆工作。1863年开始使用"马克·吐温"的笔名。这个词是密西西比河水手的行话，意思是"12英尺深"，指水的深度足以使航船通行无阻。1864年，在旧金山结识幽默作家沃德和小说家哈特，得到他们的鼓励和帮助，提高了写作本领。1865年在纽约一家杂志发表幽默故事《卡拉韦拉斯县驰名的跳蛙》，根据一个流行已久的传说改写，生动地表现了当时在开发中的美国西部所特有的幽默的风格，加上突出的运用口语的文风，使他全国闻名。此后经常为报刊撰写幽默文章。1866年去夏威夷岛采访，1867年作为记者乘"桂格城"号轮船随一批旅游者去欧洲和巴勒斯坦旅行。他写的报道后来辑成《傻子国外旅行记》（1869），此书嘲笑了欧洲的封建残余和宗教愚昧，也讽刺了富有的美国旅游者的庸俗无知。

1870年马克·吐温与兰登结婚。婚后居住在布法罗，自己编辑发行《快报》，一年后因赔钱过多而出让。1872年出版《艰苦岁月》一书，反映了他在西部新开发地区的生活经历，其中记载了一些奇闻逸事，特别是富有美国西部特色的幽默故事。1873年同沃纳合写的《镀金时代》，是他第一部长篇小说。它讽刺美国内战后资本主义迅速发展时社会上投机暴发以及政治腐败的情况，其中描写了两个著名的人物：赛勒斯上校彬彬有礼，慷慨好客，虽贫无一文，但充满轻易致富的幻想；参议员狄尔华绥是政客，满口仁义道德，其实投机欺诈，无所不为。这两个人物形象也是"镀金时代"精神的人格化。

1871年马克·吐温举家移居东部康涅狄格州哈特福德时，已成

为有名的作家和幽默演说家。此后的 20 年是他创作的丰收年代。他常和一些文人来往，其中著名的有斯托和豪威尔斯，受后者的影响较深。1875 年马克·吐温应豪威尔斯之约，为《大西洋月刊》撰文。他以早年在密西西比河上做舵手的生活为题材，写了 7 篇文章，后汇集成书，名为《密西西比河的往事》。这本书采用自传体，以幽默的笔法，现实主义和浪漫主义结合的风格，把密西西比河和河边小镇的生活写得十分生动。8 年后，他回到家乡，把这本书扩充为《密西西比河上》（1883），其中特别有价值的是记载了他早年在船上时与舵手们

联合起来成立协会，为保护自身的经济利益与船长做斗争的事迹。此后密西西比河和在家乡汉尼拔的童年生活成为他的几本杰作的题材来源。

1876 年，长篇小说《汤姆·索亚历险记》出版。它虽然是以密西西比河上某小镇为背景的少年读物，但为任何年龄的读者所喜爱。书中写淘气的汤姆和他的伙伴哈克贝里以及汤姆的女友贝姬的许多故事，不少是作者的亲身经历，有许多合乎孩子心理的有趣情节。

马克·吐温的另一部重要小说《哈克贝里·费恩历险记》于 1876 年开始执笔，1884 年出版。这部

《汤姆·索亚历险记》插图

小说得到评论家的高度评价，深受国内外读者的欢迎，同时也不断遭到查禁。小说的主角是汤姆·索亚的朋友哈克贝里·费恩，他生活在密西西比河边一个小城里，无人管束，但心地善良，正直无私，厌恶所谓文明和礼法。作者写哈克贝里·费恩不受所谓"文明"的沾染，以"自然"的眼光观察事物，通过他的眼光，宗教的、封建的落后现象被揭露得更为尖锐、深刻，对自然景物的感受也更直接、强烈而富有抒情风味，又因为他非常认真，缺少幽默感，因而从他的观点来观察社会现象和人物，越发增加了全书的幽默气氛。

这部小说使用了美国南方的几种方言，黑人吉姆的话则用的是黑人的口语。这在当时是一种创新，因而使作品文字清新有力，对以后的文学创作产生了很大的影响。萧伯纳认为他是英语的语言大师。

马克·吐温于1889年出版《亚瑟王朝廷上的康涅狄格州美国人》，它和《王子与贫儿》（1881）都是以英国为背景讽刺封建制度和宗教的长篇小说。

1894年，马克·吐温写了《傻瓜威尔逊》，塑造了一个富有斗争性的女黑奴罗克西的形象。在这前后，他的家庭遭到不幸：两个女儿一病一死，妻子的健康也恶化；他投资制造自动排字机失败而破产。为了偿还债务，他外出旅行演讲，访问了夏威夷、新西兰、澳大利亚、印度和南美等地。1897年写成《赤道旅行记》，讽刺并谴责帝国主义对殖民地人民的压迫，反对帝国主义成为他此后创作的中心思想。

1896年出版《贞德传》，它描写15世纪法国民族女英雄贞德的一生。他自称这是他最好的也是他最喜爱的一本书。在他的笔下，贞德是人民的女英雄，也是理想的美德的化身，最后却被国王查理出卖，丧生于愚昧落后的教会之手。这是马克·吐温唯一的一本非幽默作品，他怕读者误会他创作的本意，出版时用了别的笔名。

1898年马克·吐温还清了全部债务。1900年10月，在旅居欧洲近10年之后，他和全家回到美国，受到热烈欢迎，成为文艺界的领袖。1900年以后发表的许多时

论作品，锋芒仍未消减。如抨击帝国主义及其工具传教士而颂扬中国义和团运动的《给在黑暗中的人》（1901），批判美国镇压菲律宾民族独立运动的《为芬斯顿将军辩护》（1902），斥责比利时对刚果进行灭绝人性的侵略的《莱奥波尔德国王的独白》（1905），揭露沙俄侵略的《沙皇的独白》（1905），反对国内对黑人的歧视和私刑的《私刑合众国》，反对非正义战争的《战争祈祷文》等，都是富有战斗性的作品。

1904 年，妻子兰登在意大利逝世。马克·吐温进入了事业的最后阶段。他早期作品如《哈克贝里·费恩历险记》中已有表现对"人类"（实为对有产阶级）的悲观情绪，此时成了他一些作品的主调。中篇小说《败坏了哈德莱堡的人》（1900），散文《人是怎么回事？》（1906），故事《神秘的来客》（1916）等都有反映。

马克·吐温出身寒微，通过写作而变得富有，享有盛名，但他的心却和普通人民在一起。1907 年他赴英国接受牛津大学名誉学位时，受到码头工人的欢迎，他认为这是一种最可贵的爱，因为它来自"人民"，来自"我自己的阶级"。他的作品充满对人民尤其是对被压迫被剥削人民的热爱和对伪善者、剥削者、压迫者的愤恨。他的幽默以及作品中使用的语言，是他对美国文学的贡献，而两者都扎根于人民。他的最重要的创作源泉是密西西比河和他在河上的生活，因而他被称为美国"文学中的林肯"。在中国，马克·吐温也深受欢迎。鲁迅曾为《夏娃日记》的中译本写过序，给予肯定评价。

欧·亨利

美国短篇小说家。原名威廉·西德尼·波特。生于北卡罗来纳州一个小镇，卒于纽约。父亲是医生。15 岁在叔父的药房里当学徒，5 年后去得克萨斯州一个牧场放牛。1884 年后做过会计员、土地局办事员和银行出纳员。1896年，银行发现缺少一小笔款子，欧·亨利因涉嫌被传讯。他却取道新奥尔良去拉丁美洲避难。1897年，回国探望妻子，因而被捕，判处5年徒刑。在狱中曾担任药剂师，并开始以欧·亨利为笔名（原为狱中所用一本法国药典的作者的名字）写作短篇小说，在《麦克吕尔》杂志上发表。1901年，因"行为良好"提前获释，来到纽约专事写作。他虽也与上流社会来往，但经常出入贫民公寓、小酒馆、下等剧场，自认为纽约400万小市民中的一员，而不是400个富翁之一。

欧·亨利创作的短篇小说共有300多篇，收入《白菜与国王》（1904）、《四百万》（1906）、《西部之心》（1907）、《都市之声》（1908）、《滚石》（1913）等集子，其中以描写纽约曼哈顿市民生活的作品最为著名。他把那儿的街道、小饭馆、破旧的公寓的气氛渲染得十分逼真，故有"曼哈顿的桂冠诗人"之称。由于他在纽约《星期天世界报》这类通俗报纸上发表作品，读者对象是小市民，这就影响了他创作的格调。他对社会与人生的观察和分析并不深刻，有些作品比较浅薄，但他一生困顿，常与失意落魄的小人物同甘共苦，又能以别出心裁的艺术手法表现他们复杂的感情，因此，他最出色的短篇小说可列入世界优秀短篇小说之中。如《麦琪的礼物》写一对穷困的年轻夫妇相互赠送圣诞礼物中的巧合，刻画了他们捉襟见肘的生活与相互体贴的感情。《警察与赞美诗》写无家可归的流浪汉想进监狱度过寒冬，屡次以身试法，警察都置之不理。而当他决心弃旧图新时，警察却毫无道理地逮捕了他。作者向人们揭示这个社会就是如此的黑白不分，是非颠倒。《最后一片藤叶》感伤气氛浓厚。作者满怀深情地赞美了穷艺术家之间"相濡以沫"的友谊，突出地刻画了一个舍己为人、以自己的生命创作出"最后的杰作"的老画家的形象。《没有完的故事》对大都会中挣扎谋生的弱女子表示了浓厚的同情。《带家具出租的房间》也是一篇哀婉动人的故事，作者用神秘的气氛渲染了一对爱人先后在同一个房间里自杀的

悲剧。

欧·亨利曾以骗子的生活为题材，写了不少短篇小说。作者企图表明道貌岸然的上流社会里，有不少人就是高级的骗子、成功的骗子。如《黄雀在后》，写骗子、强盗与金融资本家比赛骗人的本领，结果骗子和强盗都自愧弗如。在《我们选择的道路》里，作者淋漓尽致地揭露了投机商与强盗是两位一体，而"合法的"投机商倒比不合法的强盗显得更加狰狞可怕。

从艺术手法上看，欧·亨利善于捕捉生活中令人啼笑皆非而富于哲理的戏剧性场景，用漫画般的笔触勾勒出人物的特点。作品情节的发展较快，在结尾时突然出现一个意料不到的结局，使读者惊愕之余，不能不承认故事合情合理，进而赞叹作者构思的巧妙。他的文字生动活泼，善于利用双关语、讹音、谐音和旧典新意，妙趣横生。他还以准确的细节描写，制造与再现气氛；特别是大都会夜生活的气氛，使读者有亲历其境之感。但由于作品写得太多太快，手法不免雷同；特别是受到当时社会上庸俗趣味的影响，往往为悲惨的故事硬添上一个圆满的结局，因而有时冲淡了作品的社会意义。

欧·亨利一直拥有广大的读者，他死后几年之内，声誉仍然很高，有人认为他给短篇小说带来了"新的生命"。但是到了20世纪20年代，批评家对他又有不同的评价，门肯认为欧·亨利所写的全部人物中，没有一个是真实可信的。近年来，批评家又主张应该公正地对待他。英国短篇小说家贝茨认为他对短篇小说的创作仍然拥有"惊人的持久的影响"。

杰克·伦敦

美国作家。生于加利福尼亚旧金山，卒于加利福尼亚格伦埃伦。父亲是破产的农民，家庭非常贫困。他从幼年起就以出卖体力为生，曾去卖报、卸货。14岁进奥克兰罐头厂当童工。15岁时不顾政府的禁令，在旧金山港口非法捕蚝（称为"蚝贼"）。后来当水手，到过日本。回国后在黄麻厂和铁路工厂做工。曾参加失业工人组成的"工人军"进军华盛顿，要求改善生活条件。以后在美国各地流浪，曾被当作"无业游民"关进监狱，罚做苦工几个月。他回故乡后努力读书，1894—1896年，一边读中学，一边工作，曾一度进入大学学习。1896年阿拉斯加发现金矿，他加入淘金者的行列，去加拿大克郎代克地区淘金，结果得了坏血症，空手而还。从此埋头读书写作，成为职业作家。

他写了19部长篇小说、150多篇短篇小说和故事、3部剧本，以及论文、特写等。1900—1902年发表《狼的儿子》等3部短篇小说集，这些小说通称为"北方故事"，是他的成名之作。在这些作品中，他揭露社会的弊端和罪恶，表达他对于人类美好生活的梦想。他还描写淘金者和猎人以顽强的意志和毅力在严酷的环境中同大自然进行艰苦的斗争。

1902年，他根据在英国伦敦的实地观察，写成特写集《深渊中的人们》（1903），描写伦敦的贫民窟和贫民收容所的真相，控诉英国资产阶级对劳动人民的剥削。尽管所写的只是逆来顺受的劳动人民，但表明作者已从传奇式的"北方故事"转向现实的阶级斗争。

他有两部描写动物的小说《荒野的呼唤》（1903）和《白牙》（1906），被认为是卓越的作品。《荒野的呼唤》描写一只名叫巴克的大狗与群狗斗争后，逃入原始森林，变成了狼。《白牙》描写一只狼在主人的训练下克服了野性，最后咬死主人的敌人，救了主人一命。这

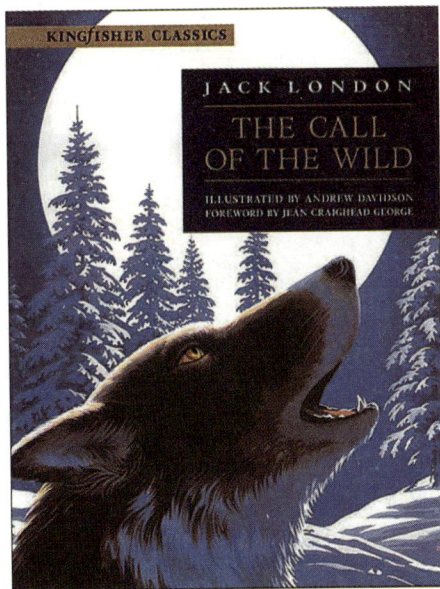

《荒野的呼唤》英文版封面

两部小说描写动物在保存自己、消灭敌人的斗争中表现了巨大的勇气。这种"弱肉强食，适者生存"的思想在他的作品中经常出现。

在长篇小说《海狼》（1904）中，他揭露一个尼采式的"超人"——"海狼"劳森的兽性的残忍和利己主义。

19世纪90年代他参加社会主义运动，1905年以后参加社会党的活动。1905—1910年期间创作了一些优秀的现实主义作品，如论文集《阶级的斗争》（1905）和《革命》（1908）；长篇小说《铁蹄》（1908）和《马丁·伊登》（1909）。他在这些作品中揭露资本主义社会的矛盾，描写劳动人民的苦难生活和工人阶级的革命斗争，同时预言资本主义的必然灭亡和社会主义的最后胜利。《铁蹄》是政治幻想小说，写主人公安纳斯特·埃弗哈德领导工人对"铁蹄"——美国资本家的寡头政治，即资产阶级专政进行斗争。小说控诉资本家对工人的剥削和压迫，揭露法庭、新闻、文艺、教会等机构充当统治阶级的工具，描写"铁蹄"培养工人贵族，破坏

工人的团结，政府军队镇压人民群众，以及人民群众在芝加哥举行推翻"铁蹄"的武装起义。作者强调指出，美国的垄断资本家为了避免灭亡，一定会建立一个残酷的独裁政权；工人阶级必须准备进行长期的武装斗争。小说以埃弗哈德在监狱里准备第二次武装起义结束。但小说中过分强调了个人在革命斗争中的作用，把埃弗哈德塑造成"超人"式的英雄，同时把群众描写成没有政治觉悟的人民。

自传体小说《马丁·伊登》是杰克·伦敦的代表作，它描写一个劳动者出身的现实主义作家在资本主义社会中的命运。马丁·伊登决心要在文学创作中建立一番事业，他忍受了巨大的痛苦，克服了重重障碍，终于获得了声誉、爱情和财富。但他成名以后，背离了劳动人民。他自称是个人主义者，信奉"捷足先登，强者必胜"的原则，而他在上流社会里看到的资产阶级各种人物全是势利的市侩，甚至他所爱的罗丝也使他失望。他感到理想破灭，精神极度空虚，终于自杀。作者在小说中否定马丁·伊

登的个人主义思想，把主人公的个人奋斗写成悲剧，对资本主义社会做了尖锐批判，但他没有指出未来的希望。

杰克·伦敦在1910—1916年间还写了一些优秀的作品，如长篇小说《天大亮》（1910）和《月谷》（1913），短篇小说《德布斯之梦》（1913）《墨西哥人》（1913）和《强者的力量》（1914）等，同时也写了不少迎合出版商需要而粗制滥造的作品。

到了后期，杰克·伦敦逐渐脱离社会斗争，追求个人享受，他的"白人优越论"发展成为大国沙文主义，为1914年美国干涉墨西哥辩护。1913年以后，他因经济上的挫折和家庭纠纷，精神受到严重打击，经常酗酒，最终服毒自杀。

杰克·伦敦的优秀的现实主义作品对资本主义社会的黑暗面作了揭露和批判，他擅长以人物的行动来表现主题思想，人物形象具有鲜明的个性，故事情节紧凑，文字精练生动，有相当的感染力。

庞 德

美国诗人、评论家。生于美国爱达荷州黑利，卒于意大利威尼斯。1901年进宾夕法尼亚大学学习。1903年转入哈密尔顿大学。1905年又返回宾夕法尼亚大学攻读罗曼语言文学。1906年去普罗旺斯、意大利、西班牙，回国后在印第安纳州的华巴施大学任教。数月后被认为行为不检点而被辞退后离美赴欧。在伦敦结识了一批作家和诗人，自称为意象派诗人。1914年编成《意象派诗选》第一辑。不久又热衷于旋涡派的活动而脱离了意象派。

1914年后，庞德帮助乔伊斯发表《青年艺术家的肖像》和《尤利西斯》；又推荐艾略特的《普鲁弗洛克的情歌》得以发表。1920年离开伦敦去巴黎，与E.海明威相遇。1924年去意大利。1928年在拉巴洛定居，直至第二次世界大战。由于政治思想混乱，在第二次世界大战开始后在罗马电台每周为法西斯政权宣传，攻击美国的作战政策。1943年被控为叛国罪。1944年被美军监禁在比萨俘虏营中。1945年被押往华盛顿受审判，后因定为精神失常而被送进医院。1958年取消对他的叛国罪的控告。回意大利后定居在威尼斯。

庞德于1909年在伦敦出版《狂喜》及《人物》两本诗集。在伦敦的演讲也辑成集子《罗曼斯精神》，于1910年出版。1915年出版了英译中国古诗，书名为《中国》。1916—1917年又翻译了日本戏剧。1917年发表了诗歌《向塞克斯图斯·普罗佩提乌斯致敬》，以影射1917年的英国。1920年发表了重要作品《休·赛尔温·毛伯利》，对1919年英国文学和文化进行了讽刺。1921年在巴黎写过歌剧。还写过关于雕塑的书。

庞德的主要诗

作是一部长诗，以"诗章"的形式分批发表，自1917年开始，直至1959年。1969年又发表未完成的片段。全诗共包括109首"诗章"及8首未完成的草稿。据庞德说他从1904年就开始计划写一首现代史诗，包括世界文学、艺术、建筑、神话、经济学、历史名人传等方面的内容，以反映人类的成就，并描绘一个由一些思想正确、有行动能力的人物所领导的美好的文化。这部长诗晦涩难读，而且涉及16世纪的意大利建筑、普罗旺斯的诗歌、孔子哲学、中古的经济史等。

长诗1～7章是关于诗的构思及主题；8～11章写一位威尼斯军

"诗章"第53章的一页

人及艺术庇护人西吉斯门多·马拉特斯塔；12～13章是将现代的经济与孔子道德哲学所向往的社会秩序相对比；14～16章是以现代伦敦为背景，描写地狱的一条通道，它通向中古时期的威尼斯，是诗人心目中的天堂的象征；第41章等专写墨索里尼和他爱慕的几位美国总统；52～61章写中国孔子的哲学、伦理及其所追求的和平、昌盛的社会秩序。庞德在长诗中还攻击了高利贷剥削，认为金融界及政府对财富、货币的错误控制是战争的根源。长诗中突出的一部分是在比萨俘虏营中所写的《比萨诗章》，描写一次穿过"灵魂的黑夜"走向爱之女神的过程。这部作品在1948年获得博林根诗奖，当时庞德还是一个战犯，在医院中等候审讯，这个决定引起很大的争论。

庞德的诗学对现代英美诗歌的发展具有重大作用。他在《一位意象派者所提出的几条禁例》中提出诗要具体，避免抽象；形式上要允许连行，不要切成一行行；要精练，不用废字，不要修饰，不用诗来叙述、描写等。他认为一个意象要在转瞬间呈现给人们一个感情和理智的综合体，也就是说意象的形成意味着感情和理智突然结合成一个综合体。当庞德脱离了意象派而热衷于旋涡主义运动时，他又发展了这个关于意象的观点。他认为意象并非一个思想，而是一个发光的结节、一个旋涡，很多思想不断地从其中升起，或沉入其中，或穿过它。关于意象的这种特殊功能的解释，对现代诗的结构产生了很大的影响。庞德的诗歌理论推动了英美的现代派诗歌；他对于中国古诗、儒家哲学及日本戏剧的翻译介绍在英美文学界掀起喜爱东方文学、哲学的高潮。

海明威

美国小说家。早期以"迷惘的一代"的代表著称。他风格独特，文体简洁，在欧美很有影响。

海明威生于伊利诺伊芝加哥

附近的橡树园村，卒于爱达荷凯彻姆。他的父亲是医生，有时带他一起出诊，培养他对于钓鱼、打猎等户外活动的兴趣。他的母亲爱好艺术，因而他从小也爱好音乐与绘画。1917年中学毕业前夕，正值美国参加第一次世界大战，他因患眼病未能入伍。同年10月，他进堪萨斯市《星报》担任见习记者，报社提出"用短句""用生动活泼的语言"等要求，使他受到初步的文字训练，对日后形成他简练的文风产生了影响。

1918年5月，海明威参加志愿救护队，担任红十字会车队的司机，在意大利前线受重伤。1919年初回到家乡，练习写作。1921年去多伦多，担任特写记者。数月后去欧洲担任《星报》驻欧记者，撰写关于日内瓦与洛桑国际会议的报道以及希土战争的电讯。1924—1927年担任赫斯特报系的驻欧记者。

海明威驻欧期间，一直坚持写作。他通过作家安德森的介绍结识了侨居巴黎的美国女作家斯泰因和诗人庞德。斯泰因鼓励他写作，并指导他如何写得精练和集中。1922

年，他开始在报刊上发表作品，包括寓言、诗歌和短篇小说。1923年出版第一个集子《三个短篇和十首诗》。1924年在巴黎出版另一个集子《在我们的时代里》，包括18个短篇，发行量甚少，影响不大。次年同名的集子于美国出版，包括13篇短篇小说和夹在各篇故事之间的16篇插章。这部小说集和模仿安德森的作品写成的长篇小说《春潮》（1926）虽然销路不大，却以其独特的风格引起批评界的重视。当时已经成名的小说家菲茨杰拉尔德称海明威"具有新的气质"，形成了一种"不会败坏的风格"。

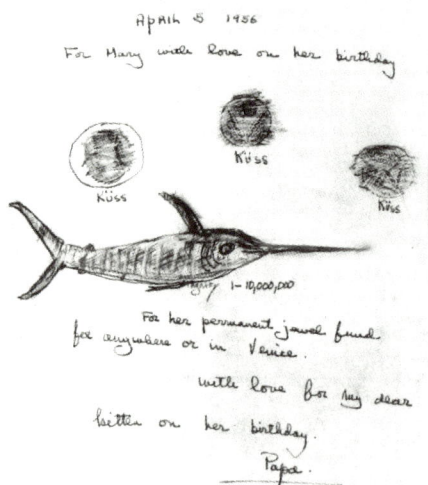

海明威为祝贺妻子生日所绘的画

《在我们的时代里》的一些小说描写尼克·亚当斯的青少年时期的生活，例如《印第安帐篷》写尼克跟随父亲出诊，见到一个印第安人自杀的情景；《某件事的终结》写尼克初恋的终结；《大二心河》中，尼克已从欧洲战场复员回家，整天钓鱼，以摆脱噩梦般的战争在他心灵上留下的创伤。这些作品表现了暴力世界中孤独的个人，在艺术上已经形成含蓄简约的风格。他不直接吐露人物的思想情绪，而是通过细致的动作描写透露人物的心情。

1926年，海明威发表了他第一部重要的长篇小说《太阳照常升起》（英国版题名《节日》，1927）。小说描写战后一批青年流落欧洲的生活情景。这部作品表现了第一次世界大战后青年一代的幻灭感。斯泰因曾经对海明威等人说过："你们都是迷惘的一代。"海明威把这句话当作小说的一句题词。由于小说写出这一代人的失望情绪，《太阳照常升起》成了"迷惘的一代"的代表作。

1927年，海明威回到美国，并发表第二部短篇小说集《没有女人的男人》，其中著名的有《打不败的人》《五万大洋》和《杀人者》。《打不败的人》描写西班牙一个体力已弱的斗牛士为了维护昔日的荣誉，在斗牛中竭尽全力坚持到底。《五万大洋》写一个拳击手宁可失败也要保持职业的体面。《杀人者》的主人公尼克·亚当斯面临一桩凶杀案件感到恐惧。海明威在这些小说里创造了临危不惧、视死如归的"硬汉性格"。这类人物形象对后来美国通俗文学产生了影响。

1929年，海明威发表长篇小说《永别了，武器》（旧译《战地春梦》），主题是反对战争。主人公亨利是美国志愿兵，在意大利前线负伤，住院期间受到英国护士凯瑟琳的细心看护，两人产生了爱情。他返回部队后，在一次撤退的途中被意军误认为德军的奸细而被捕。他在等待处决时伺机逃脱，与凯瑟琳一起流亡到瑞士，过了一段愉快的生活；不幸凯瑟琳和婴儿死于难产，亨利悲痛欲绝。海明威在《永别了，武器》中把个人在战争中所遭受的苦难看作人类的灾难。《永别了，武器》显示出海明威艺术上的成熟。情景交融的环境描写，纯粹用动作和形象表现情绪，电文式的对话，简短而真切的内心独白，托讽于有意无意之间，简约洗练的文风以及经过锤炼的日常用语等，构成他独特的创作风格。

海明威自1927年离开欧洲后，先居住在美国佛罗里达州的基韦斯特岛，后迁至古巴。他常去各处狩猎，还曾登上他的"皮拉尔"号游艇出海捕鱼。20世纪30年代上半期他发表的作品有写西班牙斗牛的专著《死在午后》（1932）、短篇小说集《胜者无所得》（1933）、关于在非洲狩猎的札记《非洲的青山》（1935）。1936年，海明威发表他著名的短篇小说《乞力马扎罗的雪》，以现实与幻想交织的意识流手法描写一个作家临死之前的反省。

1937年，海明威的长篇小说《有的和没有的》出版。主人公哈雷·莫根生活贫苦，以海上走私为生，他对美国社会的贫富悬殊深感不满，进行反抗，但孤军奋战，临死前才认识到"一个人不行"。

1937年，海明威以北美报业联盟记者的身份去西班牙报道战事。他积极支持年轻的共和政府，为影片《西班牙大地》写解说词，在美国第二届作家会议上发言斥责法西斯主义。1938年发表剧本《第五纵队》。西班牙内战结束后，他回到古巴，在哈瓦那郊区创作长篇小说《丧钟为谁而鸣》（旧译《战地钟声》），于1940年发表。这部小说以西班牙内战为背景，叙述美国人乔顿奉命在一支山区游击队的配合下炸桥的故事，集中描写乔顿炸桥前3个昼夜的活动，包括游击队内部的分歧，胆小的游击队长与他勇敢的妻子之间的矛盾，淳朴、勇敢的游击队员的反法西斯情绪，乔顿和一个西班牙姑娘的恋爱，另一支游击队的英勇奋战和牺牲，乔顿因情况有变而与上级联系的过程，国际纵队最高军事领导机构的混乱以及他们面临的困难，等等。小说也以厌恶的情绪描写农民对一些法西斯分子进行肉体上的惩罚。最后，乔顿在未能与上级取得联系的情况下执行炸桥任务，身负重伤，独自在山顶上阻击敌人。《丧钟为谁而鸣》从民主主义立场反对法西斯主义，主人公具有高度的责任感，乔顿临死之前回顾了一生，肯定自己为反法西斯而牺牲是光荣而崇高的。

40 年代初，海明威来中国报道抗日战争。1942—1944 年间，他驾驶"皮拉尔"号游艇（由政府出资改装成反潜艇的兵舰）巡逻海上，因而得到表彰。他曾率领一支游击队参加解放巴黎的战斗，因此被控为违反日内瓦会议关于记者不得参与战斗的规定。海明威出庭受审，结果被宣告无罪，后来还获得铜质奖章。

50 年代海明威发表长篇小说《过河入林》（1950）和中篇小说《老人与海》（1952）。《过河入林》写康特威尔上校凭吊过去的战场，顾影自怜，悲观懊丧，重复孤独、爱情、死亡的主题，艺术上也缺乏光彩。批评界对此书评价不高。《老人与海》的主题思想是人要勇敢地面对失败。小说中的渔夫桑提亚哥在同象征着厄运的鲨鱼的斗争中虽然失败，但他坚韧不拔，在对待失败的风度上取得了胜利。桑提亚哥这个孤军奋战的形象是海明威

二三十年代创造的"硬汉性格"的继续与发展。它的艺术概括程度更高，达到寓言和象征的高度。《老人与海》获得 1952 年度普利策奖。1954 年，瑞典皇家科学院授予海明威诺贝尔文学奖，以表彰他"精通现代叙事艺术"。

古巴革命后，海明威夫妇迁居美国爱达荷州。晚年患有高血压、糖尿病、铁质代谢紊乱等病，精神抑郁症十分严重，多次医治无效。1961 年海明威用猎枪自杀。

海明威去世后，他的妻子玛

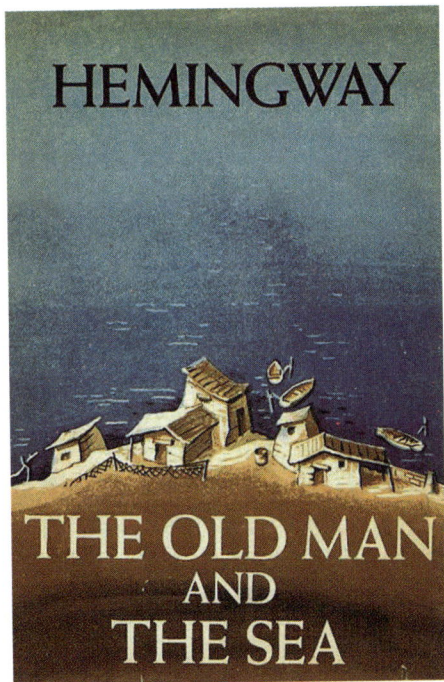

《老人与海》英文版封面

丽发表了他的两部遗作：《不散的筵席》（1964）和《海流中的岛屿》（1970）。前者是一部回忆录，追忆20年代他在巴黎的写作生活以及他与一些作家的交往。长篇小说《海流中的岛屿》约写于创作《老人与海》的同时，写画家赫德森生活中的3个片段。

海明威在近40年的创作中形成了独特的思想和艺术风格。他的早期作品表现了第一次世界大战后青年一代的彷徨和茫然若失的情绪。他两部分别描写第一次和第二次世界大战的长篇小说《永别了，武器》和《丧钟为谁而鸣》成为现代世界文学名著。20年代后期，他塑造的"硬汉性格"在美国文学中产生了影响，虽然这种影响不完全是积极的。在散文风格方面，正如英国作家贝茨（1905—1974）所说，他那简约有力的文风引起了一场"文学革命"，在许多欧美作家身上留下了痕迹。海明威虽然没有开创一个新的文学流派，却是一位开了一代文风的语言艺术大师。

塞林格

美国小说家。生于纽约，卒于新罕布什尔州。父亲是富裕的犹太进口商人。15岁进入一所军事学校住读，1936年入纽约大学。不久后辍学，去德国和波兰从事进口生意，以后又回美国继续求学。1942—1945年在军队中服役，同时写作短篇小说。1946年复员回纽约，专门从事写作。他的主要作品有长篇小说《麦田里的守望者》（1951），写一个16岁的中学生被学校开除后在纽约流浪，因孤独、苦闷而引起精神失常，被送进医院。整部小说以回忆形式写成，用含蓄的讽刺笔法描写美国富裕家庭出身的青少年精神上的空虚和苦闷。主人公对于老一代传统价值的怀疑和默默的反叛在美国青年中引起很大反响，作者也因这部小说而成名。美国有些评论家认为塞林格继承了马克·吐温的传统，把主人公霍尔顿说成是"现代城市中的哈克贝里·费恩"。此后他又出版一部小说集《九个故事》（1953），讽刺美国现代生活中的伪善。中篇小说集《弗兰妮与卓埃》（1961）和《木匠们，把屋梁升高；西摩，一个介绍》（1963）共收4部中篇小说，主要描写犹太富商格拉斯家年轻一代的生活。这些年轻人一方面痛恨当代的世界和世界上的一切，却又感到不能离开这个为他们所痛恨的世界，因此内心十分矛盾和痛苦。他们在现实社会中找不到出路，有的如弗兰妮乞灵于神学，有的如西摩终于自杀。

清少纳言

日本平安时代中期女作家，随笔文学的创始人。出身于歌人辈出的清原世家。曾祖父清原深养父是《古今和歌集》的重要歌人之一。父清原元辅虽然官位不高，也是名入"三十六歌仙"的著名歌人，敕撰《后撰和歌集》的5位编者之一。清少纳言真名不详。大概生于康保三年（966）前后。初嫁橘则光，生子名则长。离异后，于正历四年（993）进宫，任一条天皇皇后（定子）的宫中女官。清少纳言就是她在宫中任职时的称呼，清字取其姓，少纳言大概是她的职称。由于她才思敏捷，能创作和歌又熟知汉文，因而深得年轻又颇有才气的皇后的宠信，在宫廷内外享有极高的才女声誉。长保二年（1000），皇后定子病故后，离宫归里，再嫁摄津守藤原栋世（一说亦于入宫前），生一女（一说二女）。栋世死后生活窘迫，晚年出家。大约死于治安、万寿年间（1021—1028）。

代表作《枕草子》是日本第一部随笔作品集。书名系后人所加，又名"清少纳言抄""清少纳言草子""清少纳言枕草子"等。草子是册子的音变，枕草子即枕边的册子，有备忘录之意（一说是枕词的集成）。传本很多，大致可分为能因本、三卷本、前田家本和界本4个系统；前二者为杂纂形态，后二者为类聚形态；前者更接近原本。根据作品的内容判断，执笔始于在宫中供职之时，长德元年（995）已有部分形成并开始流传，后不断续写，大约于宽弘末年（1012）完成。全书共有300余段，从内容上可以分为：①列举山川草木、四季虫鸟等自然中优美有趣的景象以及评论有关人的行为和情感的类聚部分；②描述以皇后定子为中心的优雅豪华的后宫生活的日记部分；③记录作者所见所闻、所思所感的随想部分。虽然作者在宫中经历了皇后定子一族从辉煌到衰落的整个过程，但作品始终充满了对定子和以定子为代表的贵族文化的崇拜和赞美，对后期的落魄与失意没有丝毫的描写。《枕草子》文笔简洁，风格明快，表现出作者对人事的观察细微敏锐又不失幽默风趣。作为日本最早的随笔集，对当时及后世日本文学的发展影响巨大。同时，它也是一部供今人了解日本平安时代贵族生活和审美情趣的重要作品。中国已有全译本出版。

还有和歌集《清少纳言集》传世。

松尾芭蕉

日本江户时代的俳谐诗人。本名松尾宗房，俳号桃青、芭蕉，别号有泊船堂、钓月庵、风罗坊等。生于伊贺上野（今三重县上野市）的一个下级武士家庭，卒于大阪。十几岁起侍于伊贺上野城代藤堂新七郎良精之子藤堂良忠（俳号蝉吟）。良忠师事俳谐诗人北村季吟，芭蕉也因此而有机会与季吟及其门人交往，芭蕉的俳谐才华深得主人的器重。23岁时，主人良忠去世，芭蕉离开家乡赴京都学习贞门俳谐（松永贞德派）。1672年赴江户，同年出版处女选集《贝覆》，内容包括他的俳谐发句（起句）作品和由他撰写的评语，时年28岁。在江户受到当时正在流行的谈林派（以西山宗因为首的自由奔放的革新派）的影响。34岁前后在江户成为俳谐宗匠，独立门户，不久也确立了在江户俳坛的地位。

1680 年冬，因厌倦俳谐师的世俗生活而离开江户市井，住进了门生杉山杉风为其提供的位于深川附近的草庵，后命名为芭蕉庵。此后，芭蕉开始摆脱谈林派的影响，积极吸收老庄思想和汉诗情趣，表现出闲寂枯淡的诗境，如"乌鸦立枯枝，秋暮正迟迟"（收入《东日记》，1681）。这一时期出版的芭蕉及其弟子们的俳谐选集还有《俳谐次韵》（1681）和《虚栗》（1683）。

贞享元年（1684）8 月，芭蕉为了摸索新的俳风开始沿东海道向西的旅行，1685 年 4 月结束，途中完成了第一部俳谐纪行文集《荒野纪行》（又称《甲子吟行》）。不久，《俳谐七部集》的第一至三部《冬日》（1685）、《春日》（1686）和《旷野》（1689）刊行，树立起以闲寂、余情、纤细为理念的"蕉风"。从 1687 年秋到翌年秋之间，芭蕉多次出游，先后到了常陆的鹿岛、东海道上方关西一带，并经木曾路观赏了更科的明月，相继创作了《鹿岛纪行》《笈中小札》和《更科纪行》等俳谐纪行文集。每次出游都使他对自然之美有了新的发现。元禄二年（1689）3 月，他开始了历时半年、行程约 2400 千米的奥羽、北路大旅行。以此为素材，经过反复推敲，在生前终于完成了被后人视为其代表作的《奥州小路》。这部作品在整体结构上具有明显的连句性格，文与句交相辉映，达到了人与自然的高度融合和以自然象征人生的深远境界。它不仅是芭蕉俳谐纪行文中的最高峰，也是日本纪行文学史上的最高峰。

元禄三年以后，芭蕉继续往来于伊贺、大津、京都、奈良等地。在赴九州的途中病逝。俳文集《幻住庵记》（1690）、俳谐日记《嵯峨日记》（1691），以及《俳谐七部集》中的后四部《葫芦》《猿蓑》《炭袋》和《续猿蓑》中的俳谐作品均创作于这一时期。其中，刊行于 1691 年的《猿蓑》被视为圆满纯熟的代表之作，达到了高悟归俗的境界。

芭蕉是俳谐的集大成者，他使以滑稽和游戏性为主的俳谐成为真正的艺术，享有"俳圣"之誉。《奥州小路》及部分俳句已有中译本。

夏目漱石

日本作家。原名夏目金之助。生于江户（今东京），卒于东京。他的家庭在明治维新前是世袭"名主"（相当于街道里长之类小吏）。维新之后家道中落。夏目漱石中学时代即酷爱汉诗汉文，这对他日后成为文学巨匠不无影响。1893年，毕业于东京帝国大学英文科。学生时代与正冈子规结为挚友，时而从事俳句的创作。1895年，他放弃东京高等师范学校英语教师的教职，先后去爱媛县松山市中学和熊本市第五高等学校任教。1900年，夏目漱石公费留学英国三年。1903年回到日本后，在东京大学英文系、第一高等学校任讲师。此间，他在《杜宇》《帝国文学》等杂志上陆续发表许多俳体诗、英国文学评论和翻译作品。1905年，夏目漱石出版了著名处女作《我是猫》。小说以第一人称幽默讽刺的笔法，写到一只偶尔住进苦沙弥先生家的野猫。小说吸引了众多读者。读者可通过猫的"观察"从一个全新视点审视、反省人类社会。作品还以漫画式的夸张手法，塑造了一批自命清高、愤世嫉俗的知识分子形象，调侃了他们玩世不恭的态度和懦弱无力的个性。《我是猫》在近代日本文学史上光彩夺目，也使学者夏目漱石一跃而为小说名家。在作品雅致、真切的幽默文体中，包含了作家超凡的文化素养、气质与正义感。1906年，夏目漱石又在《杜宇》上发表中篇小说《少爷》。这也是一部带有讽刺幽默特色的作品，以第一人称的手法，塑造了一个憨直、朴实、头脑有些简单的青年形象，表现他的正义感与反抗性，且饱含着对于社会邪恶势力的批判精神。作品语言平实，汲取了通俗文学"落语"（类似"相声"）的精华成分。

《少爷》发表前后，夏目漱石还通过《伦敦塔》《恍若琴声》和《幻影盾牌》等作品，描绘出脱离现实且具浪漫主义色彩的特异世界。此类作品的顶峰之作，是以青年画家为主人公的《草枕》（1906）。夏目漱石说，《草枕》是一部俳句式的小说，它"远离一切肮脏与烦恼，只想留下美的感觉"。当时正值自然主义文学盛期，漱石的这种观念显然与之相反。文坛称夏目漱石为"余裕派"或"高蹈派"。夏目漱石的重要作品尚有：《秋风》（1907）、《虞美人草》（1907）、《三四郎》（1908）、《后来》（1909）、《门》（1910）、《行人》（1912）、《心》（1914）、《道草》（1915）和《明暗》（1916）等。这些作品描绘出形形色色的社会景象与人物心灵。而中、晚期作品显然超越了早期创作的"逃避与反抗"，呈现出新的特色。一般认为《后来》之后的创作为晚期。其中期创作的总体特征为"反省或自我苦闷"，晚期则是更加宏远的"人类观照"。

夏目漱石的中期作品《三四郎》《后来》与晚期作品《门》，也被称作写实文学三部曲。三部作品皆以现实主义的创作方法，揭示了日本近代社会存在的种种问题。例如《后来》的主题旨在说明日本近代社会残余的封建势力束缚；《门》则描写主人公宗助和阿米之间暗淡的夫妻生活，以深刻的心理描写反映了小资产阶级知识分子冲破封建束缚后的精神压抑和痛苦。《心》以后的晚期作品开始探究人类潜在意识中难以克服的"利己主义"。作品中体现出所谓"则天去私"的东方境界。"则天去私"即忘却利己主义的自我，去顺应更加博大无际的天道——自然规律。最能体现此类思想的作品是1916年的小说《明暗》。但因夏目漱石暴卒于胃溃疡发作，小说没有写完。

夏目漱石作为日本近代文学巨匠，对其后兴起的白桦派——理想主义文学运动影响很大。他晚期抵达的文学境界乃是一种幻境。因为他无法从文学、艺术中真正地排除人类的主观与客观。漱石文学始终流连于某种近代式的伦理背景中。他的文学目的是彻底剖露、克服自我深层的种种丑恶，追求更高的人类理想。实际上却多少带有某种乌托邦的性质或倾向。临终半年前，夏目漱石自己也有过如下的文学定义："先有伦理性而后有艺术性。真正的艺术必然具有伦理性。"

谷崎润一郎

日本唯美主义小说家。生于东京一商人家庭，卒于汤河原。1905年入东京第一高等学校（东京大学前身）英法文科，在校内展现出诗文才华。1908年考入东京大学国文系。当时，构成日本文坛主流的仍是不合谷崎口味的自然主义文学。谷崎喜欢永井荷风的《美国物语》（1908）。而永井荷风则是日本唯美派小说的开先河者。此外，谷崎润一郎接触了希腊、印度和德国唯心主义哲学，文学上受波德莱尔、爱伦·坡和王尔德等西方作家的影响。1910年，反自然主义各派作家登上文坛，谷崎润一郎与小山内薰、后藤末雄等人一同创办了第二次《新思潮》杂志。他在创刊号上发表了小说《诞生》。后陆续发表了《象》（1910）、《刺青》（1910）和《麒麟》（1910）等，开始在文坛崭露头角。尤其《刺青》一作将

谷崎润一郎扭曲的美学关注表现得淋漓尽致。美女的纤脚及其后背文刺的蜘蛛图案，富于强烈的感官刺激性。这种描写使他获得了"天才谷崎"的盛誉。永井荷风赞赏之余，称谷崎在日本现代作家中最具特殊素质与技能。他列举了谷崎文学的三大特质：①源自肉体恐怖的神秘幽玄；②完全彻底的都市特征；③文章表现得完美无缺。谷崎在《刺青》中写道："有美者皆为强者，丑者皆为弱者。"《麒麟》中

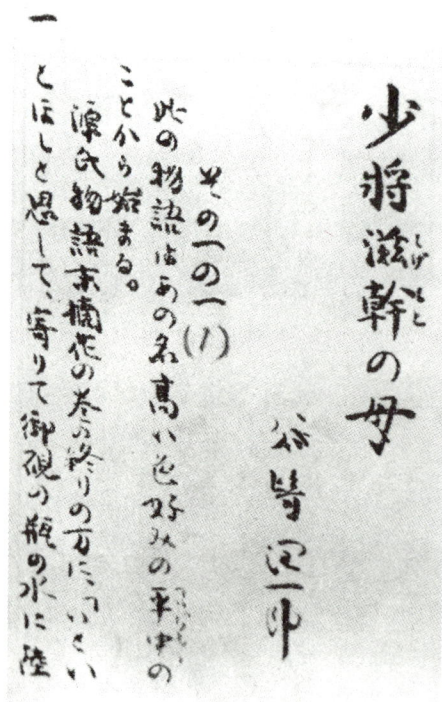

谷崎润一郎手迹

则称："永恒的憧憬正是那亦美亦幻的国度。"

谷崎润一郎的文学创作分为三期，前述作品与特征属于早期。有趣的是早期作品与晚期作品较为接近，而中期创作具有异端色彩，被称作所谓"恶魔主义时代"。这里追求的是复杂的结构，伴之而来的却是感性的衰弱，文坛对于中期创作评价不高。晚期创作是谷崎文学最为重要的时期。此时他更加纯化了早期创作的唯美追求与倾向，体现了谷崎文学的精髓，竭尽所能地实现感性美的探究与官能享乐的追索。他所追求的享乐，具有强烈、刺激和异常的特征。在他眼中，美的极致关联于"女性肉体"。他的晚期代表作有《食蓼虫》（1928）、《春琴传》（1933）、《细雪》（1948）和《疯癫老人日记》（1961）等。其中《春琴传》和《细雪》已有中文译本出版。《春琴传》是代表作，主人公佐助为了表达对盲女春琴的爱，故意用钢针刺瞎了自己的双眼。

谷崎润一郎的唯美主义文学理念与创作，给人以变异"美感"的强烈刺激。不论评价如何，唯美倾向确为日本文学的传统之一。在现代文学中，谷崎润一郎是继永井荷风之后的唯美文学集大成者。谷崎润一郎具有深厚的汉学造诣，曾在秋香塾研读汉文，十几岁时即赋汉诗，这也是他成为文学巨匠的条件之一。1949 年，谷崎润一郎获日本政府颁发的文化勋章。他与郭沫若、田汉、欧阳予倩等人相识，亦曾担任日本文化交流协会顾问。

芥川龙之介

日本小说家。生于东京，卒于东京。本姓新原，因过继给舅父，易姓芥川。自幼受传统文化熏陶，很早即接触中日古典文学。上中学后，广泛涉猎欧美文学。1913 年就读于东京大学英文系。1914、1916年，与菊池宽等人两次复刊《新思潮》。随着《罗生门》（1915）、《鼻子》（1916）、《山药粥》（1916）、《手

帕》（1916）等接连问世，成为新思潮派的代表作家。毕业后，一度任教于海军学校，后入每日新闻社，开始专业作家生涯。

前期创作以历史小说居多，大部分取材于12世纪的故事集《今昔物语集》，借古喻今，探究古今人类共同的利己本性，揭露现实的丑恶。《罗生门》揭示了人在弱肉强食的社会中，为了一己的生存，不管他人的死活，点出人性恶的一面；超短小说《蜘蛛之死》（1918）则进一步揭示出人的利己本性足以导致自身的毁灭。《袈裟和盛远》（1918）、《竹林中》（1918）、《报恩记》（1921）等，皆直指人性的弱点，不论多么高尚的行为，依然掩盖着自私和虚伪。《竹林中》尤为人所称道，由7段互有出入的口供结撰全篇，意在说明人总要用谎言来文过饰非，事实真相常被歪曲，客观真理难以认识。《鼻子》和《山药粥》喻指理想永远存在于追求之中，一经实现，随即幻灭。《鼻子》同时还揭示了"旁观者的利己主义"和幸灾乐祸的自私心理。《地狱图》（1918）抨击了暴君将人间变成地狱，揭示了艺术家在同强权的对立中，注定失败的悲剧命运，同时透露出作者追求艺术完美境界的唯美倾向。《戏作三昧》道出了艺术创作的甘苦。在《烟草与恶魔》（1916）、《基督徒之死》（1918）、《圣克利斯朵夫传》（1919）、《众神的微笑》（1921）等以天主教为题材的作品中，讽刺了宗教的欺诳，赞美坚贞信仰产生的自我牺牲精神。

后期创作基本上转向现代，题材比较广泛。有批判军国主义

《罗生门》封面

思想、同情下层士兵的《猴子》（1916），描写农村姑娘淳朴真挚的《橘子》（1919），表现男女青年苦闷的《秋》（1920），嘲讽乃木希典的《将军》（1921），刻画少年心理的《手推车》（1922）和叙述农村中人与人之间关系的《一块土》（1923）等。1927 年发表的《玄鹤山房》，通过老画家之死，描写家庭的纠葛、人生的惨淡和绝望，暗示了旧事物衰亡和新时代的即将来临。写作当时已萌发自杀意念，此后的作品均蒙上一层阴郁的气氛。《河童》（1927）以虚构的河童国抨击人吃人的资本主义制度。遗作《齿轮》（1927）和《傻瓜的一生》（1927）描述作者自杀前的思想状态。格言集《侏儒的话》（1923—1927）阐述他对艺术和人生的看法。

因对现实极度绝望，深感"人生比地狱还要地狱"，怀着对未来的"迷惘不安"而自杀。他的死在当时引起很大震动，认为他代表了"从大正到昭和初年日本知识分子最优秀的一面"。短短的 12 年创作生涯，留下 140 余篇小说和为数颇多的小品、随笔、评论和游记。芥川以典雅的语言、精湛的艺术、深刻的主题，成为日本短篇小说的大家，在现代文学中占有重要地位。为纪念他在文学上的业绩，《文艺春秋》社从 1935 年起，设立以他的姓氏命名的芥川奖，至今仍是日本奖掖优秀青年作家的最高文学奖。主要作品均有译介。

川端康成

日本小说家。生于大阪，卒于逗子。日本 20 世纪 20 年代"新感觉派"文学的代表作家之一。处女作是刊于第六次复刊的《新思潮》上的小说《招魂祭一景》（1921），受到文豪菊池宽的赏识，1926 年，在"新感觉派"机关刊物《文艺时代》创刊号发表成名作《伊豆舞女》。作为"新感觉派"文学的理论旗手，川端康成的早期创作受西方达达派、未来派、象征派等现代

主义文艺思潮的影响。他在短篇小说创作上显现了特殊的才能，也发表了许多"文艺时评"。1925年刊于《文艺时代》的理论文章《新进作家的新倾向解说》，被公认为"新感觉派"文学理论的基石或支柱。文中倡导艺术至上主义，主张新的感觉、新的表现和新的文体。之后川端康成参加了"新兴艺术派"和"新心理主义"文学运动。

川端康成少年时代阅读了许多日本的古典名著：《源氏物语》《枕草子》《方丈纪》《徒然草》等。他的中、后期作品更多体现了日本文学传统的韵味与美感。代表作品主要有《十六岁的日记》（1925）、《伊豆舞女》（1926）、《禽兽》（1933）、《雪国》（1948）、《千鹤》（1952）、《山音》（1959）、《睡美人》（1961）和《古都》（1971）等。其中《雪国》《千鹤》《古都》是诺贝尔文学奖获奖作品。瑞典皇家文学院的颁奖词为：川端康成先生"以卓绝的感受性和高超的叙事技巧，表现了日本人的心灵精髓"。晚期作品《千鹤》《山音》《睡美人》等，表

川端康成作品

现了某种背离现实伦理规范的变异性感觉世界。《千鹤》描写了菊治与父亲生前情人的"乱伦"关系；《山音》描写老翁信吾与儿媳通奸；《睡美人》则通篇描写丧失性机能的江口老人，在一个"睡美人俱乐部"爱抚 6 个服用安眠药后熟睡的少女，老人在半昏迷半清醒的状态中产生种种虚幻意识、心理与感觉。川端康成曾强调说，作为小说家不能回避"悖德乱伦"的描写。早期名作《伊豆舞女》充溢着清纯洁净的美感，这在他的其他重要作品中十分罕见，被誉为日本现代抒情文学的杰作；晚期的《古都》也同样别具特色。

川端康成曾任日本笔会会长、国际笔会副会长。1957 年成为日本艺术院会员，获"艺术院奖"及日本政府颁发的文化勋章，也曾获联邦德国政府颁发的"歌德金牌"、法国政府颁发的"文化艺术勋章"。1968 年获诺贝尔文学奖，成为亚洲继泰戈尔之后的第二位"世界级文豪"。1972 年川端康成在其寓所口含煤气管自杀而亡，死因至今仍是个谜。川端文学充满虚幻与哀愁，但他并不赞同人为地扼杀生命，曾公开表明不赞同太宰治、三岛由纪夫等人的自杀行为。但他将死看作"至高的艺术"，崇奉"无言的死"，认为"无言的死"包含着无限的意义。

太宰治

日本小说家。原名津岛修治。生于青森县一大地主家庭，卒于东京。1930 年入东京帝国大学法语系。曾一度参加左翼运动。1935 年刊出小说《丑角之花》引起文坛关注。第二次世界大战后日本无赖派文学（又称"新戏作派"）最具代表性的作家之一，与之齐名的有石川淳、坂口安吾、织田作之助和伊藤整等。无赖派文学的总体特征在于否定或毁坏传统社会的权威与秩序，并在幻化的现实中毁坏自我。评论家小田切秀雄称其为"反秩序派"。太宰治的早期作品有《鱼服

记》（1933）和《回忆》（1933）等。他是一位天生的受难者或殉教徒，作品中反复咏唱着一首"毁灭"的曲调，且无休止地承受或享用着炼狱般的灵魂煎熬。但是在战争期间的中期创作，呈示出正常平和、健康明朗的心理趋向。较具代表性的是《快跑，梅洛斯》（1940）和《津轻》（1940）等。《快跑，梅洛斯》取材于古希腊神话传说，述说梅洛斯冒着杀头的危险，终使暴君狄奥尼斯相信了人间信义的存在。

第二次世界大战后，太宰治发表的第一部小说是《潘多拉的盒子》（1945），此后他固执地运用优雅死寂的特有文体，完成了战后的三部代表作《维扬之妻》（1947）、《斜阳》（1947）和《丧失为人资格》（1948）。这些作品贯串着他无可动摇的"毁灭意向"，同时也体现了无赖派文学的文体革新意识——将现实、虚构或日常性与非日常性合而为一。太宰治的小说大多采取第一人称的告白形式，最具代表性的成功之作是《斜阳》。《斜阳》以没落的贵族家庭为中心，用日记、信函之类近乎"无技巧性"的文体表现为手段，沉闷地演示着四重奏式的"毁灭"乐章。4个人物通过不同的"毁灭"形式，直接面对自我存在的深层寓意以及荒诞虚妄的战后社会。描述之中，太宰治对贵族生活的日趋没落表达出悲伤与惋惜之情。他的战后名作多以特有的观念性以及创作意向，反复冲击着战时至高无上的权威话语。《斜阳》发表后曾备受青睐。因为它以特有的角度，契合了战后一代青年的社会性心理感受。太宰治的独特性同时表现在：他并非单纯在作品之中虚构死亡与毁灭，更在真切的现实之中多次地付诸实施，以期实现他那颇具美学色彩的"毁灭或死亡情结"。1948年，终于在《丧失为人资格》完成之后投河情死而终。他的自传体长篇小说《丧失为人资格》，某种意义上正是对太宰治文学的一些注解。而那种行尸走肉般的无谓感或沦落感，毋宁说更多地发自太宰治与生俱来的作家秉性。

大江健三郎

日本小说家。生于爱媛县。东京大学文学系法国文学专业毕业。处女作是上大学期间发表的短篇小说《奇妙的工作》（1957）。后有小说《死者的奢侈》（1957）等引人注目。1958年，刊于《文学界》杂志的《饲育》获第39届"芥川奖"，自此成为战后文学的新一代主流作家。早期作品具有写实性和思辨性及丰富的想象力。他执著地表现极限状况下少年、青年们面对的问题与困境，表现他们的徒劳、绝望以及寻求出路的努力。所涉及的极限状况有死亡、凌辱、挫折、战争、疾病和监禁等。他力求在现代青春的精神背景下，触及人类的理想、自由与责任。

大江健三郎早期的创作，受到法国存在主义作家萨特与加缪的影响。西方文学中的理性主义的影响，使他成为日本现代文学中十分独特的一个作家。中期的代表作是《人羊》（1958）和《万延元年的足球赛》（1967）等。《人羊》描写一群日本乘客在公共汽车上被美国大兵扒下裤子，像动物似的并排匍匐，露出令人羞辱的部位。作品包含了作者对丑陋民族性格的厌弃，同时亦有内心潜在的反美、反社会体制的思想。《万延元年的足球赛》采用寓言式的抽象小说文体，给人以晦涩与滞重之感。大江在施行自己特有的文学实验，此后寓言性渐渐成为他作品中的主要特征。

1994年10月13日，大江健三郎获诺贝尔文学奖，成为继泰戈尔、川端康成之后第三位获此殊荣的亚洲作家。2000年9月，大江应中国社会科学院外国文学研究所的邀请访华。2000年成为美国哈佛大学名誉博士。

萨拉马戈

葡萄牙作家。1998年诺贝尔文学奖得主。生于里巴特茹省戈莱加，卒于西班牙兰萨罗特岛。家境贫寒。两岁时随父母移居里斯本市。因家庭经济拮据，中学尚未毕业就转入一所工业技校学习机械制锁技艺，毕业后成为一名机械制锁工人。此后曾在医院、信贷所、保险公司、出版社等单位担任低级职员。因为有过这段经历，后来的文学作品总是表现出对下层人的同情和对国计民生问题的关注。1959年成为科尔出版社专职文学编辑。天赋加勤奋，自学成才的萨拉马戈于1966年出版了第一部诗集《可能的诗歌》。1968年起为《首都报》《丰当报》《里斯本日报》《新种植园》等报纸杂志撰写文学评论和政治评论专栏文章。1969年加入还处于地下状态的葡萄牙共产党。1974年葡萄牙爆发四二五民主革命，应召

在社会通讯部工作，翌年4—11月出任《新闻日报》副社长。同年年底开始成为葡萄牙极少数靠写作为生的职业作家。1947年萨拉马戈虽曾出版过长篇小说《罪孽之地》，但是标志着这位小说家真正开始步入文坛的乃是1966、1970年问世的两部诗集《可能的诗歌》和《或许是欢乐》。在这两部诗集问世时，萨拉马戈已因专栏文章崭露头角。这些专栏文章先后结集成《这个世界和另外的世界》（1971）、《旅行者的行李》（1973）、《〈里斯本日报〉曾这样认为》（1974）和《札记》（1976）四个集子出版。1977年问世的《绘画与书法指南》是作家转向长篇小说的又一次尝试。三年之后，长篇小说《从地上站起来》一书的问世为作家赢得了声誉。这是他的第一部获奖作品（里斯本市奖）。此后，他的一部部长篇小说相继问世，终于找到了最适合自己创作的体裁，并因此而大放异彩。《从地上站起来》是一部阿伦特茹地区劳动者的史诗，是对农业改革的一种诠释，时间跨度为整整一个世纪。就其内容而言，它既是一部

政治小说，一部广义的社会文化小说，一部赞美大自然和歌颂土地的小说，同时也是一部爱情小说。《从地上站起来》的成功绝非偶然，它是作家长期不懈地从事各种不同文学形式创作的结晶。1982 年长篇小说《修道院纪事》的出版更使萨拉马戈闻名遐迩，他因此被视为葡萄牙文学史上最优秀的长篇小说家之一。该书已被译成包括中文在内的多种文字，在世界 29 个国家出版发行，为作家赢得了国际声誉。《修道院纪事》由两条故事线索组成：一是 18 世纪根据国王的意志修建马弗拉修道院，这是一项以民工的血汗为代价建造的非凡工程；二是巴尔托洛梅乌·洛伦索神父及其发明的"大鸟"飞行器。前者源于历史，后者则属杜撰。修建修道院代表着国王的意志，是权力的象征。神父的意志及其三位一体的联盟——一位有文化的神父、一位缺一只手的退伍士兵和一位具有超常视力的女人——使人们得以鸟瞰国王永远看不到的修道院工地的远景。其寓意显而易见，神父的"异端"智慧胜过国王的权力。在这部

作品中，历史的真实得到了尊重，然而却又以巧妙的方式被改变了方向。因为在作家眼中，真正的英雄永远是工程的无名修建者。富有寓意的虚构、特定的历史社会氛围、惊人的描写能力、诗化的语言、伦理和正义的倾向性、不断出现的民间警句与格言，都能给读者留下深刻的印象。

《里卡多·雷伊斯死亡之年》（1984）是继《修道院纪事》之后问世的长篇小说，这部作品把现实与梦幻巧妙地编织在一起，把历史的真实与小说的杜撰合为一体，从而探讨了生命与文学、小说与真实、灵与肉、理想与现实的关系，体现了作家的世界观，是其又一部成功之作。1986 年出版的长篇小说《石筏》是对未来的假设：比利牛斯山脉出现了一道裂缝，结果导致伊比利亚半岛脱离欧洲，开始在大西洋上漂浮，来到大西洋中的南非和中非之间。这种假设也许不可能发生，然而因这种假设而产生的小说却可以使读者大开眼界。在《石筏》一书中，荒诞和神奇被描写得合情合理，在逻辑上无可争

辩，但营造出的却是卡夫卡式的氛围。和作家其他几部作品相比，爱情在《石筏》中更具重要性，成了人与人之间内心最深处相互了解的信号，其神奇的力量超过所有其他力量。1989年问世的《里斯本围城史》源于一位校对员固执地要为一个历史事件增添一个不字，从而使这一历史事件改变了方向。这部小说包含了两条线索，一条是重新改写的葡萄牙历史，一条是现实生活中的爱情故事。萨拉马戈常常把历史与现实巧妙地结合在一起，这一特点在这部小说中得到了更充分的体现。他最具争议的小说是《耶稣基督眼中的福音书》（1992）。在这部小说里，耶稣的形象与传统文化中的形象相反，他喜欢世俗生活，甚至喜欢性爱，并成了妓女的情夫。1992年欧洲文学奖评审委员会曾拟提名这部小说为候选作品，但遭到葡萄牙政府的否决。为抗议葡萄牙政府的这一做法，萨拉马戈从里斯本迁居西班牙加那利群岛的兰萨罗特岛。这部作品获得了葡萄牙作家协会1992年小说大奖。1995年问世的长篇小说《失明症漫记》，讲述某地突然发生一种双目失明的奇怪时疫，虽然又突然消失，但已把人类及其文明的主要特点毁灭殆尽。小说表面上讲的是人的视力失明，实际上隐喻人类在理智上的失明，试图说明眼睛虽然能看见东西，却生活在一个失明的世界。由这部作品不难看出，萨拉马戈是一位关心世界命运的作家。他的最后一部长篇小说是1997年问世的《所有的名字》，讲述户籍登记处一个小公务员离奇的爱情故事。由于他创造了充满隐喻和暗示的全新小

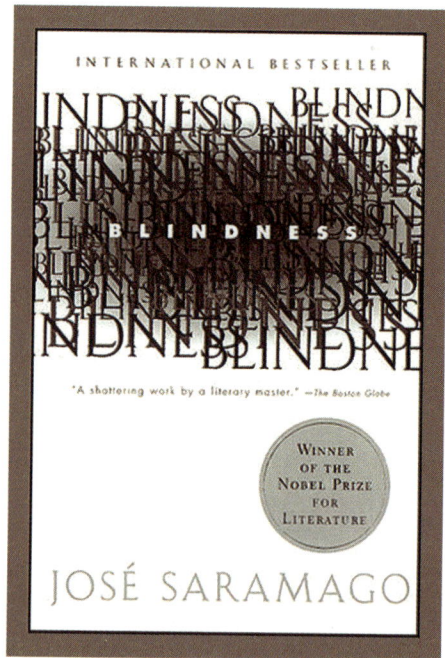

《失明症漫记》英文版封面

说形式，曾荣获葡萄牙各种文学奖项，其中包括葡萄牙语文学最高奖卡蒙斯奖。他的作品被译成多种文字，在国外屡次获奖。关于他的作品的研究论文不断问世，文学评论界的赞赏与读者的欢迎，使萨拉马戈成为当今葡萄牙文坛最孚众望的作家之一。1998年，他因"通过由想象、同情和讽刺所维系的寓言故事，不断地使我们对虚幻的现实有所了解"而荣获诺贝尔文学奖，成为葡萄牙语从事文学创作的作家中获此殊荣的第一人。其他主要著作有诗集《一九九三年》（1975），剧本《夜晚》（1979）、《我用这本书来做什么》（1980）、《弗朗西斯科·德·阿西斯的第二次生命》（1987）、《以上帝的名义》（1992），短篇小说集《几乎是物体》（1978）、《五种感觉俱全的作诗法》（1979），日记《兰萨罗特日记之一》（1994）、《兰萨罗特日记之二》（1995）、《兰萨罗特日记之三》（1996）、《兰萨罗特日记之四》（1997）、《兰萨罗特日记之五》（1998）等。

密茨凯维奇

波兰诗人、民族解放运动革命家。生于诺伏格罗德克附近查阿西村（今属白俄罗斯）一小贵族家庭。卒于土耳其伊斯坦布尔。父亲是律师，曾参加1794年的民族起义。密茨凯维奇在家乡度过童年，经常接触贫苦农民和丰富的民歌民谣，受到爱国思想的熏陶。

1815年，密茨凯维奇进入维尔诺大学。参加爱国活动，是秘密组织"爱学社"和"爱德社"的领导人之一。这个时期写了不少评论文章和诗歌，作品受古典主义和伏尔泰思想的影响。

1819年，大学毕业后在科夫诺中学任教。阅读了大量西欧浪漫主义作家如歌德、席勒和拜伦等人的作品，又受到意大利、希腊和本国革命风暴的影响，逐渐摆脱了自由主义和古典主义，创作中的浪漫主义成分逐渐增长。1820年写的

《青春颂》在 1830 年华沙起义时成为众口传唱的战歌。1822 年第一部诗集出版，标志着波兰浪漫主义文学的兴起。诗集中的"歌谣和传奇"是根据民间故事创作的，反映了农民的生活情趣和道德观念。在这些作品里，出现了幻想的神秘世界，有水妖和幽默的鬼怪；有变成鱼美人的被侮辱的少女，她出来给自己的婴儿哺乳，把迫害她的地主变成了岩石；还有坟上盛开的百合花，揭穿了谋杀亲夫的妻子的秘密……这些诗歌表达了对真理、对美好生活的追求。诗集出版后受到伪古典派的攻击和嘲讽，但得到了下层人民的欢迎。

1823 年第二部诗集出版，收集了长诗《格拉席娜》和诗剧《先人祭》的第二、第四部。《格拉席娜》描写女英雄格拉席娜女扮男装，率领将士与入侵的日耳曼骑士团作战，最后英勇牺牲。《先人祭》第二、第四部是诗人在维尔诺－科甫诺写成的，被称为"维尔诺《先人祭》"（《先人祭》第一部没有完成，只有残稿）。"先人祭"是波兰民间为超度亡魂而举行的一种仪式，一

般在夜间选择僻静的地方举行，保存着古代异教时期的祭祀特点，由祭师主持，召唤净界的亡魂前来享用祭品，《先人祭》第二部写的就是这样的一次仪式。其中有描写农奴的亡魂向恶霸地主的鬼魂复仇的故事。第四部描写青年古斯塔夫和一位已订婚的贵族小姐相爱，无望的爱情使古斯塔夫痛不欲生。诗人借此抒发了自己失恋的痛苦，并且像歌德笔下的维特那样谴责了封建的婚姻制度。

1823 年，波兰的爱国学生运动遭到沙皇统治集团的镇压，密茨凯维奇被捕入狱。1824 年 10 月，被流放到俄国，先后在彼得堡、敖德萨和莫斯科等地居留。他和当地的十二月党人建立了联系，还结识了一些俄国的诗人和作家，如普希金等。1826 年，《十四行诗》出版，包括《爱情十四行诗》和《克里米亚十四行诗》两组诗，后一组诗对克里米亚的高山险崖和奔腾咆哮的大海作了绘声绘色的描写，寄托了作者对祖国的思念。

1828 年长诗《康拉德·华伦洛德》问世。这是一部以复仇、起

义为主题的英雄史诗，叙述立陶宛爱国者华伦洛德抗击入侵的日耳曼骑士团的故事。他看到敌人强大，正面进攻难以取胜，便打进敌人内部，取得信任，被选为骑士团的大总管。在对立陶宛作战时，他故意延误战机，使骑士团全军覆没，自己也被迫自杀。这部作品受到了波兰青年的喜爱。华沙的沙俄占领者当局慑于它的巨大影响，通过彼得堡政府逼迫密茨凯维奇离开了俄国。

1829 年到达罗马，途经德国时，曾去魏玛拜访歌德。1830 年 11 月，华沙爆发反俄起义。消息传到罗马，他立即整装回国参加起义。但中途被阻在波兹南。起义失败后，他随流亡的起义战士来到德累斯顿，写出了诗剧《先人祭》第三部（1832），其题材和主题思想均与第二、第四部完全不同，是一部政治诗剧，描述 1823 年俄国统治集团逮捕和拷问波兰爱国学生组织"爱德社"社员的事件。诗中描写了被囚禁的波兰爱国青年控诉沙俄对革命者的迫害和屠杀，歌颂了革命青年友爱互助和英勇战斗、不

怕牺牲的精神，同时对俄国统治者的残暴、伪善以及波兰显贵的投降沙皇、为虎作伥的丑恶面目进行了揭露。

从 1832 年起定居巴黎，写出了《波兰民族和波兰巡礼者之书》。1833 年担任波侨进步刊物《波兰巡礼者》主编。1834 年完成了最重要作品《塔杜施先生》。以 1811 年和 1812 年的历史事件为背景，通过立陶宛地区两大仇家的年轻一代塔杜施和佐霞的恋爱以及这两个家族的争斗与和解，描绘了波兰贵族的生活和矛盾，叙述了波兰爱国志士反对沙俄侵略的斗争。这部长诗充分表现了诗人的爱国热情，他反对波兰立陶宛贵族内部的敌视和械斗，号召人民团结对敌，争取祖国的自由和独立。长诗出版后受到波兰人民的热烈欢迎。

此后，密茨凯维奇几乎完全停止了诗歌创作。1839 年在瑞士洛桑大学任拉丁文学教授。1840—1844 年担任法兰西大学斯拉夫文学教授。40 年代初，由于长期脱离祖国的现实，又感染了波兰旅法侨民中普遍存在的失望情绪，生活境况

艰苦，思想苦闷彷徨，曾一度参加神秘宗教活动。1848年席卷欧洲的革命风暴又激起他的革命热情，使他摆脱神秘主义的影响，重新投身于革命的洪流。来到意大利，组织一支波兰志愿军队，为祖国的自由解放而战斗。1849年，在巴黎主编《人民论坛报》，宣传反对专制制度，号召各国人民起来斗争。1855年俄土战争爆发，来到土耳其，想组织军队去和沙俄作战，但受到反动势力的阻挠和破坏，未能如愿。后染上瘟疫，不幸逝世。

密茨凯维奇一生的理想是为祖国的自由独立而斗争。鲁迅认为他是波兰"在异族压迫之下的时代的诗人，所鼓吹的是复仇，所希求的是解放"。在诗歌艺术上，他继承了波兰古典诗人和欧洲浪漫主义诗人的传统，特别是吸取了民间诗歌的精华，把波兰的民族诗歌推到了一个新的高峰，并在世界文学中产生了一定的影响。

显克维奇

波兰作家。生于沃拉－奥克热斯卡地区的一个没落贵族家庭，卒于瑞士沃韦。早年全家迁居华沙。中学毕业后，进入华沙中央学校（华沙大学前身）医学系学习，一年后改学文学。1871年，沙俄政府将华沙中央学校改为华沙帝国大学，即将毕业的显克维奇为了表示抗议，拒绝参加毕业考试，愤然离校。

显克维奇在大学期间已开始写作。1872年以李特沃斯的笔名在《波兰报》上发表了许多有关华沙生活的讽刺小品。同年出版了他的第一部中篇小说《徒劳无益》，反映波兰大学生的苦闷和失望情绪。随后又出版了《沃尔希瓦皮包里的幽默作品》，内收两部中篇小说。他是在波兰封建社会崩溃、资本主义势力迅速壮大的时期开始写作的，早期的文章和小说受实证主义的影响，歌颂新兴资产阶级的实干精神，表现了对资本主义社会的乐观态度。

1876年，显克维奇作为《波兰报》的记者赴美国访问。他的通讯集《旅美书简》歌颂了美国工业的高度发展和资本主义的民主，又揭露了美国社会的种族歧视。

1877—1880年，显克维奇写出一系列中、短篇小说，如反映农村生活的《炭笔素描》《音乐迷扬科》和《天使》，描写外国统治者压迫波兰人民的《家庭教师的回忆》和《胜利者巴尔特克》，揭示波兰侨民在美国的悲惨遭遇的《为了面包》和《灯塔看守人》，描绘美国印第安人遭受迫害和残杀的《酋长》和《奥尔索》，这些作品体现了作者的民主主义和爱国主义思想，具有抒情的风格和悲愤的格调。

19世纪80年代，波兰资产阶级和无产阶级的矛盾日益尖锐；同时，沙俄和普鲁士在它们占领的波兰地区内推行同化政策，民族压迫加重。显克维奇想探索一条能使全国人民团结对敌，同时又能缓和国内阶级矛盾、减轻人民痛苦的道路，他开始创作历史小说。1883—

1888年，他写出了三部曲。三部曲第一部《火与剑》取材于1648年赫梅尔尼茨基领导的哥萨克暴动。当时乌克兰是波兰贵族共和国的一个组成部分，显克维奇站在维护国家领土完整和反对外国干涉的立场上，揭露赫梅尔尼茨基为了个人利益，打着民族起义旗号，勾结外国侵略者分裂波兰的活动。但在谴责哥萨克暴动的同时，对农民起义进行了歪曲和丑化。第二部《洪流》写波兰人民反抗瑞典封建主侵略波兰的斗争。作者一方面揭露了侵略者蹂躏国土、屠杀人民和大贵族的叛国投敌，另一方面歌颂了中小地主和广大人民同仇敌忾打败敌人的英勇精神。第三部《伏沃迪约夫斯基先生》描写波兰反抗土耳其 – 鞑靼人入侵的斗争。故事曲折起伏，人物形象生动，是三部曲的显著特点。三部曲的发表受到广大读者的欢迎，同时也引起了批评界的争论，特别是《火与剑》，这种争论一直延续到今天。

以后，显克维奇又发表了两部描写现实生活的长篇小说，即《毫无准则》（1891）和《波瓦涅茨基

《洪流》插图

一家》（1895），其中流露出对贵族阶级往昔的"尊荣"的留恋，对它的没落表示惋惜和同情。

1896年，显克维奇发表了《你往何处去》。这部小说通过古罗马青年将领和信奉基督教少女的忠诚、曲折的爱情故事，揭露了暴君尼禄的专制统治和基督教徒早期受迫害的惨景，真实再现了那个时代的社会生活和志士仁人的斗争。

19世纪末叶，民族压迫加剧，显克维奇发表了不少政论和演说，揭露普鲁士占领者推行的日耳曼化政策，这种爱国思想也表现在

他的著名历史小说《十字军骑士》（1900）中。这部小说再现了14世纪末和15世纪初的波兰社会生活，从1399年雅德维迦王后逝世到1410年的格隆瓦尔德战争，描写了波兰和立陶宛反对十字军骑士团入侵的斗争，是波兰文学史上一部优秀的长篇历史小说。显克维奇由于他以上历史小说创作所取得的成就，而获得1905年诺贝尔文学奖。

20世纪初，显克维奇的思想开始倾向保守，他和资产阶级的国家民主党发生了联系，并接受这个党领导人的委托，参加了杜马（旧

俄议会）的竞选活动。后由于国家民主党声名狼藉，显克维奇才和它决裂。他这个时期所写的小说《在光荣的战场上》（1906）和《漩涡》（1909）都不成功。但他1911年专为少年儿童写的小说《在沙漠和丛林中》却是一部引人入胜的作品。

第一次世界大战爆发后，显克维奇移居瑞士的韦维，并组织了"波兰战争牺牲者救济委员会"，当选主席。他的最后一部小说《军团》，写19世纪初东布罗夫斯基领导的波兰军团的爱国活动和民族解放斗争，但未及完稿便逝世了。

显克维奇是波兰最受欢迎和影响深远的一位作家，他的作品人物性格鲜明，情节引人入胜，语言优美流畅，有"波兰语言大师"之称，对波兰现实主义小说的发展做出了贡献。他在国外也拥有大量读者，他的作品被译成40多种文字，主要作品已在国内外改编成电影上演。显克维奇是被鲁迅最早介绍到中国来的波兰小说家，他的作品在中国已有多种译本，是中国读者喜爱的外国作家之一。

哈 谢 克

捷克作家。生于布拉格一个穷苦教员家庭，卒于萨扎瓦河畔利普尼采。13岁时父亲去世，他同母亲弟妹靠亲友的接济生活。上中学时参加反对当局的游行示威，屡遭拘捕。高中毕业后遍游全国各地，广泛地了解社会生活。1903—1904年间，他同无政府主义者有过接触，受到他们的影响。但在1905年捷克工人运动高涨的形势下，加入捷克作家的行列。第一次世界大战爆发后应征入伍，被奥匈帝国当局编入捷克兵团，开赴俄国作战。十月社会主义革命爆发时，他在俄国参加革命，1918年2月参加苏联红军，从事宣传工作，不久加入布尔什维克党。1920年返回捷克，住在布拉格。哈谢克于20世纪初开始文学创作，早期发表的短篇如《节日里的吉普赛人》《庄稼活》和《山民之死》等，大多反映下层劳动者

根据小说《好兵帅克》改编的木偶剧剧照

的悲惨境遇，抨击封建统治者。后来他写过 1000 多篇小品文和政论。短篇小说《女仆安娜的纪念日》《得救》《巴拉顿湖畔》等揭露资本主义社会的黑暗。他的短篇小说结构严谨，情节生动，语言朴实、简练，富于幽默感。他创作中的最大成就是长篇小说《好兵帅克在第一次世界大战中的遭遇》（1920—1923，又译《好兵帅克》或《好兵帅克历险记》）。帅克这个形象在他的作品中早就出现过。1911 年 5 月，他发表过 5 则以帅克为主要人物的短篇，但写的只是一般的反战故事，缺乏深刻的社会内容。长篇小说《好兵帅克》是一部杰出的政治讽刺作品，作者根据他在奥匈帝国军队中服役的见闻，通过主人公帅克这个"天才的傻瓜"在第一次世界大战中的经历，揭示了奥匈帝国一个历史时期的社会面貌——统治者的凶恶专横、军队的黑暗腐败、教会的贪婪、帝国主义国家之间的利益争斗等，成功地塑造了一个与人民血肉相连，风趣、机智、乐观、憨厚的普通士兵帅克，表现了捷克人民反对帝国主义战争、反对军国主义和教权主义的思想情绪。《好兵帅克》出版后在世界影响很大，已被译成50多种文字。

安德里奇

塞尔维亚作家。生于波斯尼亚的特拉夫尼克附近的多拉茨村一个手艺人家庭，卒于南斯拉夫贝尔格莱德。两岁丧父，寡母带他投奔维舍格勒城姑母家，在此读完小学。在萨格勒布读中学时期勤奋好学，关注国家命运和民族存亡，拥护"青年波斯尼亚"的民族独立主张，加入进步青年学生团体。1912年入萨格勒布大学攻读斯拉夫文学和历史。同年初涉诗坛。后转学维也纳和克拉科夫，其间6首诗歌入选《克罗地亚青年抒情诗集》（1914）。这时他还翻译斯特林堡、惠特曼等人作品。第一次世界大战期间因从事民族解放思想宣传而被捕入狱。

1917年获释后相继问世的散文诗集《黑海书简》（1918）、《忧思》（又译《心潮》，1920）是他狱中自我反思的写照，流露出悲观情绪，也反映出他深受当时风靡文坛的现代派思潮的影响。

1918—1919年，他同文学青年合办《文学南方》。自1921年起他在驻欧洲诸国领事馆、大使馆任职，于1924年获格拉茨大学博士学位。这个时期开始由诗歌转向小说创作，并逐渐远离现代派影响。首篇短篇小说《阿里·捷尔泽莱兹的旅程》（1920）发表以后，连续出版3部小说集（1924、1931、1936）。这些小说多取材于波斯尼亚民间故事、传说或历史，描绘中世纪以来土耳其和奥地利统治时期的民族纠葛、宗教纷争和社会冲突，凸显了作者长于探测人物内心世界、精于叙事和哲理思考的独特艺术风格。1938年4月起出任驻德大使，基本无暇创作。因本国政府支持德、意法西斯，1941年他愤而提出辞呈。同年南斯拉夫被法西斯占领后，他拒绝同法西斯合作和发表作品，孤守书斋，潜心笔

耕。1945年祖国解放后，他一并献出《女士》（又译《小姐》）、《特拉夫尼克纪事》和《德里纳河大桥》3部长篇小说。被誉为优秀心理小说的《女士》是写金钱的奴隶拉伊卡·拉达科维奇可悲的一生和她恪守先父遗训变成守财奴的过程。作者状事绘人笔力细腻，守财奴形象活灵活现。《特拉夫尼克纪事》以法国驻波斯尼亚领事大卫寻求人生道路为主线，再现了中世纪波斯尼亚风情，展示了法国大革命以来国际历史风云和在波斯尼亚所进行的政治、经济、宗教、文化角逐，更重要的是作者描述了历史变迁对人物思想和心理所产生的影响。《德里纳河大桥》是作者艺术风格的集萃之作。它以大桥兴衰贯串故事的始终，叙述了上自桥梁建成的16世纪下至第一次世界大战爆发的风云变幻，从大桥的诞生及其遭遇中折射出波斯尼亚在土耳其和奥匈帝国占领时期里的民族灾难、悲苦和英勇反抗。这部历史哲理小说立足于波斯尼亚历史，具有鉴往而知今的深刻认识价值，作者文笔流畅，叙事功

力深厚。1946、1956年获得本国两项文学奖，1961年获诺贝尔文学奖。战后，安德里奇仍继续写作波斯尼亚题材小说，有《大臣大象的故事》（1948）、《罪恶的庭院》（1954）；也开拓反法西斯战争题材，如《"巨人"酒吧》（1950）和已有中译本的《泽科》（又译《阿兔》，1954）等。《女士》和《德里纳河大桥》均已译成中文出版。

裴多菲

匈牙利诗人。生于小克勒什一屠户家庭，卒于谢塞盖斯瓦尔（今属罗马尼亚）。做过演员，当过兵。少年时期的流浪生活使他有机会同劳苦人民接近，进一步熟悉了他们的悲惨生活。

裴多菲于1842年开始发表作品，认为只有人民的诗才是真正的诗。早期采用民歌体写诗，在形式上加以发展，语言上加以提炼，创

作了不少名篇。他用自己诗歌创作的实践，推翻了贵族阶级文学家一贯轻视农民语言、认为它只能表达低级感受的偏见。他歌颂大自然的美，草原上的牧羊人，多瑙河畔的渔夫和田野里劳动的男女青年，运用经过提炼的人民语言和民歌形式，为人民所喜爱。他有50多首诗，如《谷子成熟了》（1844）、《树上的樱桃千万颗》（1844）、《傍晚》（1844）等，已经成了匈牙利真正的民歌，在各地流传。

1844年裴多菲从故乡来到首都佩斯，担任《佩斯时装报》助理编辑。在诗人弗勒斯马尔蒂的资助下，出版了《诗集》（1844）、《爱德尔卡坟上的柏叶》（1845）和散文作品《旅行札记》（1845）。这几本集子出版后，资产阶级文学家攻击他"把农民的粗俗卑劣的语言带进了诗歌的神圣的宫殿"，攻击他"为卑贱的人歌唱"，但他毫不理睬。这时他研究法国革命史，并从事莎士比亚戏剧和海涅诗歌的翻译工作。

1846年裴多菲曾一度陷入"淡淡的哀愁"之中，他的组诗《云》中的《希望之歌》《疯人》《大地，你吃的是什么？》等诗就流露了这种情绪。这是他在法国革命的影响下寻求民族解放而感到没有出路的表现。但裴多菲的精神仍然是奋发的，特别是在黑格尔左派哲学思想的影响下，他反对君主专制主义，主张进行彻底的资产阶级民主革命。他积极从事政治活动，组成了匈牙利第一个作家团体"十人协会"，并写了许多政治抒情诗，抨击封建制度和王权统治，如《反对国王》（1844）、《贵族》（1844）、《匈牙利的贵族》（1846）、《镣铐》（1846）等。

1846年，裴多菲团结进步作家，创办了文艺刊物《生活场景》，同资产阶级和封建复古派作家们展开斗争。他写了长诗《仙梦》（1846）《希拉伊·彼斯达》（1846）、《萨尔沟城堡》（1846）以及剧本《老虎与土狼》（1846）等作品。政治抒情诗《我的歌》（1846）、《一个念头在烦恼着我……》（1847）等，号召奴隶们起来粉碎锁链，打倒专制制度。

1846年9月，裴多菲同森德

莱·尤丽亚结识，一年后结婚。他写了大量爱情诗，诗中渗透着强烈的政治内容，例如著名的《自由与爱情》（1847）："生命诚宝贵，爱情价更高，若为自由故，二者皆可抛。"这是诗人走向革命的标志，也是他向革命迈进的誓言。诗人用凝练的语言，集中表达了19世纪资产阶级民主革命志士们的共同心声。

1847年裴多菲的诗歌创作直接涉及时事，例如《致十九世纪的诗人》《为了人民》等诗篇，抒发了时代的声音。他还主张描写历史上的农民起义，歌颂罗马奴隶主统治时期的斯巴达克的反抗精神。1848年初，法国、意大利、奥地利等国相继爆发革命。以裴多菲为首的佩斯激进青年于3月15日发动起义，诗人写下《民族之歌》《大海沸腾了》《把国王吊上绞架》等诗篇，其中《民族之歌》于起义爆发的清晨在佩斯民族博物馆由裴多菲当众朗诵。从此爆发了1848—1849年由科苏特领导的伟大的民族解放战争，这次革命的目的是废黜封建制度，并把匈牙利从奥地利统治下解放出来。

1848年秋天，奥地利侵略者向刚刚获得胜利的匈牙利发动军事进攻，革命遭到失败。这一时期，裴多菲的政治抒情诗比较完整地反映了革命的爆发、发展、失败的全过程，例如《老旗手》（1849）、《投入神圣的战争》（1849）等。1849年1月，裴多菲参加了贝姆将军所领导的反抗俄奥联军的战斗，同年7月31日英勇地"死在哥萨克兵的矛尖上"（鲁迅语），为祖国壮烈牺牲。一说诗人在此次战役中被俘，作为1800名匈牙利战俘之一，被押送到西伯利亚，于1856年死于肺结核。

裴多菲一生写了许多抒情诗和8首长篇叙事诗，长诗中最著名的有3首：《农村的大锤》（1844）、《亚诺什勇士》（又译《勇敢的约翰》，1844）和《使徒》（1848）。《农村的大锤》和《亚诺什勇士》不论在内容和形式方面，都是诗人向民歌学习的重要收获。《农村的大锤》讽刺了浪漫主义史诗中的夸张和矫揉造作的风格，表现了对贵族地主阶级的憎恨与轻蔑。这首长诗突破了贵族文学那种"文雅风格"，对于民族诗歌的发展曾经起过推动作用。《亚诺什勇士》是诗人运用人民语言，根据流行在民间的传说写成的长篇叙事诗。主人公亚诺什勇士为了追求幸福的生活和爱情，经历了贫困的折磨、长夜的黑暗、大海狂涛的卷扑，战胜了巨人国和黑暗国的威胁，通过渺茫的寓言洋，终于到达仙人国，寻找到幸福的牧歌式的国土、生命的泉水和忠实的爱人伊露斯卡。裴多菲向往美好的世界，热情地歌颂劳动人民。他赋予民间传说以新的色彩和生命，创造出富有浪漫主义色彩的英雄和世界。这部长诗在19世纪上半叶成了鼓舞人民斗争和进步的力量，鲁迅称赞它是"匈牙利的一部杰作"。《使徒》是诗人后期的作品，是一部革命的、带有政纲性的长诗，充分表达了作者的思想观点。它描写一个怀有崇高理想而因谋杀国王未遂被处死的革命者的一生。《使徒》是匈牙利人民为争取自由而斗争的光辉史诗，是诗人诗歌创作发展到最高峰的标志。主人公锡尔维斯特是为平民谋福利的英雄，是匈牙利文学中第一个出现的资产阶级激进派的代表人物。从长诗内容来看，裴多菲受法国空想社会主义者傅立叶、欧文的影响相当深。

裴多菲也写过小说和戏剧。他

《亚诺什勇士》插图

109

的长篇小说《绞吏之绳》深受鲁迅喜爱；他的政论文章对于揭露敌人、鼓舞人民曾起过重要作用。但裴多菲毕竟是一位资产阶级革命家和诗人，他向往的"迦南"（意为福地），所主张的"平等"，跳不出资产阶级的"绝对观念"的范畴和空想社会主义的思想境域。

易卜生

挪威戏剧家和诗人。

生平 生于挪威南部希恩镇一木材商人家庭。由于父亲破产，只受过几年小学教育。1849 年，他完成了第一部剧本《卡提利那》，并于 1850 年出版，但未引起注意。1849 年，他写了第二部剧本《勇士之墓》，上演获得成功，大大激发了他的戏剧创作热情。

易卜生的艺术才华受到挪威著名小提琴家布尔的赞赏，因此当布尔创建的民族剧院于 1851 年在卑尔根落成时，便聘请易卜生去担任剧院编导。1851—1857 年，易卜生共为剧院完成 6 部剧本：《诺尔玛，或政客的爱情》（1851）、《圣约翰节前夜》（1852）、《埃斯特罗的英格夫人》（1854）、《索尔豪格的宴会》（1855）、《奥拉夫·利列克朗》（1856）和《海尔格兰的海盗》（1857）。

1857—1862 年，易卜生改任首都克里斯蒂安尼亚（今奥斯陆）挪威剧院的导演。1862—1863 年写出讽刺剧《爱的喜剧》和历史剧《觊觎王位的人》（1864）。1863 年，易卜生被任命为克里斯蒂安尼亚剧院的顾问。1864 年，在丹麦－普鲁士战争期间，挪威政府拒绝出兵援助丹麦，他满怀愤怒离开了祖国。在国外期间，易卜生经常旅居意大利和德国，直到 1891 年回国。他生活困顿，1900 年中风，长期卧病，1906 年在克里斯蒂安尼亚（今奥斯陆）去世。挪威议会为他举行国葬。

剧作 易卜生的戏剧创作分为 3 个阶段，即浪漫主义阶段、现实主义阶段和象征主义阶段。易卜生的浪漫主义戏剧又被称作民族浪漫主义戏剧。剧作大都取材于挪威的民间故事和历史传说，以歌颂民族英雄主义为基本主题。《觊觎王位的人》是易卜生浪漫主义创作阶段的最后一部剧本。此后，易卜生逐渐转向现实主义的戏剧创作。《布兰德》和《彼尔·金特》是易卜生从浪漫主义过渡到现实主义创作阶段时完成的两部哲学剧，它们为作者赢得了世界声誉。

此后，易卜生相继写下了他的四大社会问题剧：《社会支柱》（1877）、《玩偶之家》（1879）、《群鬼》（1881）和《人民公敌》（1883）。《社会支柱》揭露了造船商博尼克以卑鄙手段发财，在真实面目将被揭露时不惜置受害者于死地的丑恶面目。《玩偶之家》是易卜生最主要的代表作品。《群鬼》反映的是爱情、婚姻和家庭生活问题。《人民公敌》则是易卜生在现实主义创作阶段写的最后一部剧本，内容是斯多克芒医生因为要向外界揭露真相而被市长及一伙资本家宣布为"人民公敌"的故事。在象征主义创作阶段，易卜生写了《野鸭》

（1884）、《罗斯默庄》（1886）、《海上夫人》（1888）、《海达·加布勒》（1890）、《建筑师》（1892）、《小艾友夫》（1894）和《当我们死而复醒时》（1899）。在这些剧本中对具体的社会问题的揭露和批判减少了，对抽象的人生问题的探讨增多了；对外在的矛盾冲突的描绘减少了，对内在的心理活动的展现增多了。

易卜生被称作欧洲现代戏剧之父。他的四大社会问题剧不仅具有深刻的生活和思想内涵，而且以一种崭新的戏剧样式出现。从古希腊戏剧分为悲剧和喜剧两大类以后，这个分类传统就长期被保留下来。18世纪法国启蒙戏剧家狄德罗曾经要求突破这个传统，创造一种介乎悲剧和喜剧之间的严肃体裁的戏剧，这到易卜生手里才真正得以实现。他后期作品中象征主义方法的运用则影响了后世欧美现代派戏剧的创作。

影响 易卜生是挪威民族戏剧创始人，生前一直遭到挪威保守分子的反对。在他的直接影响下，挪威产生了一批戏剧家。易卜生的戏

剧首先在西欧各国产生了重大影响。19世纪末叶，在西欧各国的舞台上，易卜生的戏剧居于首要地位。欧洲的许多戏剧家如英国的萧伯纳、德国的豪普特曼、俄国的契诃夫等人，都或多或少地受到易卜生的影响。瑞典斯特林堡的戏剧成就也与易卜生相关。20世纪美国奥尼尔等人的戏剧创作深深打上了易卜生的烙印。

在中国，易卜生的影响也是深远的。在"五四运动"以前，春柳社曾于1914年将《玩偶之家》译成中文并搬上舞台，《新青年》四卷六期（1918年6月）为《易卜生专号》，他的许多剧本相继被译成中文出版与演出。中华人民共和国建立以后，易卜生戏剧的一些旧译本重新出版，并不断有新的译本问世。1982年，《彼尔·金特》第一次被译成中文，并于1983年由北京中央戏剧学院上演。1999年，中央实验话剧院与挪威戏剧家合作在北京上演了《玩偶之家》。

安徒生

丹麦作家。生于菲英岛欧登塞的贫民区，卒于哥本哈根。父亲是鞋匠，曾志愿服役，抗击拿破仑的侵略，退伍后于1816年病故。不久，当洗衣工的母亲改嫁。安徒生从小就为贫困所折磨，先后在几家店铺里做学徒，没有受过正规教育。少年时代对舞台发生兴趣，幻想当一名歌唱家、演员或剧作家。1819年在哥本哈根皇家剧院当小配角，后因倒嗓（青春期变声）被解雇。从此开始学习写作，但写的剧本完全不适宜演出，未被剧院采用。1822年得到剧院导演约纳斯·科林的资助，就读于斯莱厄尔瑟的一所文法学校。这一年他写了《青年的尝试》一书，以威廉·克里斯蒂安·瓦尔特的笔名发表，这个笔名包括了莎士比亚、安徒生自己和司各特的名字。1827年发表第一首诗《垂死的小孩》。1829年进入哥本哈根大学学习。他的第一部重要作品《1828和1829年从霍尔门运河至阿迈厄岛东角步行记》于1829年问世。这是一部富于幽默感的游记，颇有德国作家霍夫曼的文风。游记的出版使安徒生得到社会的初步承认。此后他继续从事戏剧创作。1831年去德国旅行，归途中写了旅游札记。1833年去意大利，创作了诗剧《埃格内特和美人鱼》和以意大利为背景的长篇小说《即兴诗人》（1835）。小说问世后不久，即被译成德文和英文出版，标志着作者开始享有国际声誉。他的第一部《讲给孩子们听的故事集》包括《打火匣》《小克劳斯和大克劳斯》《豌豆上的公主》和《小意达的花儿》，于1835年春出版。1837年，他在这个集子的基础上增加了《小美人鱼》（又译《海的女儿》）等故事，编成童话集第1卷。第2卷于1842年完成。1847年又写了一部《没有画的画册》。1840—1857年，安徒生访问了挪威、瑞典、德国、法国、意大利、西班牙、葡萄牙、希腊、小亚细亚和非洲，在旅途中写了不少游记，如《一个诗人的市场》（1842）、《瑞典风光》（1851）、《西班牙纪行》（1863）、《访问葡萄牙》（1866）等。他在德、法等国会见了许多知名作家和艺术家。1847年在英国结识了狄更斯。他写过3部自传：1832年写的《小传》、1847年在德国出版的《正传》和后来写的《传记》（1855）。他的小说和童话故事也大多带有自传的性质，如《即兴诗人》、《奥·特》（1836）、《不过是个提琴手》（1837）、《两位男爵夫人》（1848）、《活还是不活》（1857）、《幸运的贝儿》（1870）等。他在《柳树下的梦》（1853）、《她是一个废物》（1853）、《依卜和小克丽斯汀》（1855）等作品中，还写了鞋匠、洗衣妇等劳动者的生活，反映了他自己不幸的身世和遭遇，同时也表现了丹麦的社会矛盾，具有深刻的现实性。1843年，安徒生认识了瑞典女歌唱家燕妮·林德，真挚的情谊成为他创作的鼓舞力量。但他在个人生活上并不称心。他没有结过婚，他晚年最亲密的朋友是亨里克和梅尔彻。这位童话大师一生坚持不懈地进行创作，把他的天才和生命献给"未来

的一代"，直到去世前 3 年，共写了 168 篇童话和故事。他的作品被译成 80 多种语言。

安徒生的童话故事体现了丹麦文学中的民主传统和现实主义倾向。他的童话脍炙人口，一直为世界上众多的成年人和儿童所传诵。如《卖火柴的小女孩》《丑小鸭》《看门人的儿子》等，既真实地描绘了穷苦人的悲惨生活，又渗透着浪漫主义的情调和幻想。由于作者出身贫寒，深感社会上贫富不均，并对弱肉强食的现象深恶痛绝，因此他一方面以真挚的笔触热烈歌颂劳动人民，同情不幸的穷人，赞美他们的善良、纯洁等高尚品质；另一方面又愤怒地鞭挞残暴、贪婪、虚弱、愚蠢的反动统治阶级和剥削者，揭露了教会僧侣的丑行和人们的种种陋习，不遗余力地批判社会罪恶。《皇帝的新装》辛辣地讽刺了皇帝的昏庸无能和朝臣们阿谀逢迎的丑态；《夜莺》和《豌豆上的公主》嘲笑了贵族的无知和脆弱。有些故事如《白雪皇后》则表现了作者对人类理想的看法，即坚信"真善美终将取得胜利"的乐观主义信念。他在最后一部作品《园丁和主人》中，还着力塑造了一个真正的爱国者的形象，反映了作者始终不渝的爱国主义精神。他的童话同民间文学有着血缘关系，继承并发扬了民间文学朴素清新的格调。他早期的作品大多取材于民间故事，后期创作也引用了很多民间歌谣和传说。

《皇帝的新装》插图

他的作品有童话也有短篇小说，有寓言也有诗歌，既适合儿童阅读，也适合成年人鉴赏。他创造的艺术形象，如没有穿衣服的皇帝、坚定的锡兵、拇指姑娘、丑小鸭、红鞋等，已成为欧洲语言中的典故。在语言风格上，安徒生是一个有高度创造性的作家，作品大量运用丹麦下层人民的日常口语和民间故事的结构形式，语言生动优美，自然流畅，充满浓郁的乡土气息。

安徒生的作品很早就被介绍到中国，《新青年》1919年1月号就刊载过周作人所译的《卖火柴的小女孩》。1942年，北京新潮社出版了林兰、张近芬合译的《旅伴》。此后，商务印书馆、中华书局和开明书店陆续出版了安徒生童话的译本、安徒生传及其作品的评论。译者有郑振铎、茅盾、赵景深、顾均正等。不过那时的译本都是从英语、日语或其他国家文字转译过来的。1949年后，叶君健对安徒生原著进行了系统的研究，直接从丹麦文把安徒生的童话故事全部译成中文。人民文学出版社于1955、1958、1978年多次出版叶君健译的《安徒生童话选集》。

帕慕克

土耳其小说家。生于伊斯坦布尔一个中产阶级家庭。帕慕克从小就是一个充满幻想的孩子，一直住在市中心的帕慕克公寓里。随着时光的变迁，大家族的生活状态也因土耳其政治经济的变化而改变，成为帕慕克认识伊斯坦布尔这座城市的窗口。他除在美国纽约生活3年之外，一直生活在伊斯坦布尔。在伊斯坦布尔科技大学主修过建筑，在伊斯坦布尔大学攻读过新闻。1979年发表第一部作品《塞夫得特州长和他的儿子们》获《土耳其日报》小说首奖，1983年奥尔罕·凯马尔小说奖。1983年出版第二本小说《寂静的房子》获1984年马达拉里小说奖，1991年欧洲发现奖。1985年出版第一本历史小说《白色

城堡》，这部充满想象力的作品探讨了身份认同与文化差异的观念、东方与西方的接触，以及土耳其在世界版图上有时显然未知的部分。这本小说让他享誉全球，获 1990 年美国外国小说独立奖。1990 年出版《黑书》，1992 年以其为蓝本完成电影剧本《隐蔽的脸》。1979 年《新生活》一书的出版在土耳其造成轰动，成为土耳其历史上销售速度最快的书籍。1998 年出版的《我的名字叫红》确定了他在国际文坛上的地位，获 2003 年都柏林文学奖，同年的法国文艺奖和意大利格林扎纳·卡佛文学奖。2002 年发表小说《雪》。2005 年出版《伊斯坦布尔——一座城市的记忆》，作品主要描述了在奥斯曼土耳其帝国瓦解后，世界几乎忘记了曾经叱咤风云的伊斯坦布尔存在过的事实。同年获德国书业和平奖。2006 年帕慕克因"在追求他故乡忧郁的灵魂时发现了文明之间的冲突和交错的新象征"获诺贝尔文学奖。2008 年 5 月，他访问中国。帕慕克的作品被译成 40 多种语言出版。文学评论家把他和普鲁斯特、托马斯·曼、卡尔维诺等文学家相提并论。

檀 丁

印度古代梵语小说家。著有《十王子传》（Daśakumāracarita，又译《十公子传》）。此书通行本实际上是残本，只有中间 8 章出自檀丁手笔，前 5 章（前篇）和最后 1 章（后篇）是后人补作的。这部小说描写 10 位"王子"征服世界的冒险经历。围绕他们的故事，广泛而生动地展现了古代印度各地和各阶层人物的生活画面，上至帝王、后妃和朝臣，下至妓女、赌徒、盗贼、浪子、荡妇、穷婆罗门和伪苦行者。文体注重藻饰和修辞，叙事注重人物刻画和故事趣味。现代新发现一部题为"阿凡提巽陀利"的小说残本，可能是失佚的《十王子传》的前面部分，从中也得知檀丁出生在南印度建志城的一个婆罗门世家。由于完整作品已失传，这部小说仍将以通行的《十王子传》的名称和内容流传下去。另外，梵语文学理论著作《诗镜》的作者也署名檀丁，一般认为这两个檀丁是同一人。

泰戈尔

印度孟加拉语作家、诗人、哲学家、艺术家。

生平　泰戈尔生于加尔各答一个富有的、文化气氛很浓的贵族家庭。他的父亲戴本德拉纳特·泰戈尔（1817—1905）是拉姆·莫汉·罗易（1772—1833）之后梵社的领导人，共有子女14人，泰戈尔最幼。泰戈尔的哥哥、姐姐在文化上都有一定的成就。他的大哥是诗人，也是介绍西方哲学的哲学家；一个姐姐是孟加拉语文学史上第一个女小说家；五哥是音乐家、剧作家。在这个扎根于印度教哲学

思想土壤、深受西方文化影响、富有文学教养的家庭里，泰戈尔度过了他的童年。泰戈尔虽然进过东方教会学校、师范学校和孟加拉语学校，但在各个学校学习的时间都不长。实际上，他基本上没有受过正规的学校教育，他的科学、历史和文学的丰富知识都得自于父兄和家庭教师的耳提面命与自己的努力。1872年冬天，泰戈尔的父亲带他到喜马拉雅山区旅游。这次旅游给他幼小的心灵注入了一股强劲的酷爱大自然的激流，是他对大自然无比热爱、终生欲与大自然融为一体、寻求和谐的思想情感的源头。1878年他到英国求学，在伦敦学习英国文学和西方音乐。1880年2月回国。1890年，被父亲派到现属孟加拉国的西莱达经营田产。他经常住在船上，生活在大自然之中，并与普通百姓接触，这使他的文学创作发生了根本的转变，进入了成熟时期。1884—1911年，他担任了17年的梵社秘书。1901年他离开西莱达到距加尔各答不远的桑地尼克坦创办了一所学校，后发展成为著名的国际大学。1902—1905年他先后

失去妻子、二女儿和父亲。这一系列的打击使他的文学创作进一步深沉。1905年他积极参加反对英国统治的民族自治运动，但因与保守派和激进派的观点都不同，于1907年退出了这场运动。1913年获诺贝尔文学奖。同年12月加尔各答大学授予他名誉博士学位。他的社会活动大大增加，先后访问了欧洲、美洲和亚洲的数十个国家。1919年4月，英国军队在阿姆利则枪杀手无寸铁的印度贫民，使他义愤填膺，声明放弃英国女王1915年授予他的"爵士"头衔。1941年4月他写下《文明的危机》，谴责帝国主义对人类犯下的罪行。此后不久病逝于加尔各答。

成就　泰戈尔从15岁开始文学创作，到去世共创作了50多部诗集、13部（包括一部未完稿）中长篇小说、近100篇短篇小说、40多部剧本、2000多首歌曲，以及大量散文、随笔、游记、论文、论著等，为世界文学留下了宝贵的遗产。

诗歌　泰戈尔的诗歌创作可以分为4个时期：早期（1886年以前）、成熟期（1886—1907）、沉思期（1907—1919）和激奋期（1919—1941）。早期较有名的作品有抒情诗集《暮歌集》（1882）、《晨歌集》（1883）等，主要是歌颂纯真的爱情，赞美青春的欢乐，带有浓郁的浪漫主义色彩。1886年诗集《刚与柔集》（又译《刚与柔》）的发表，标志诗人面向人生，面向现实生活，步入了成熟期。这个时期出版的诗集主要有《心中的向往》（1890）、《金帆船》（1894）、《缤纷集》（1896）、《收获集》（1896）、《微思集》（1899）、《幻想集》（1899）、《故事诗集》（1900）、《祭品集》（1901）、《渡口集》（1906）等。诗作内容广泛，题材多样。有的借用历史故事，歌颂印度人民反抗侵略者的英雄气概和爱国主义精神；有的描写农民的惨状，揭露地主对农民压迫、掠夺的罪行；有的依然歌颂爱情，不过在有的诗中诗人痴恋的对象变成了男性神，死亡作为一个主角也进入爱情诗中，显示出诗人对爱的进一步思考。1907年退出政治运动后，泰戈尔的思想比较低沉，诗歌创作也进入一个新的时期——

沉思期。这个时期的诗集主要有《吉檀迦利》《白鹤》(1916)《逃避》(1918)等。《吉檀迦利》有孟加拉语版(1910)和英语版(1913)两种版本。孟加拉语版收入157首诗；英语版收入103首诗。英语版中的103首诗，只有53首是从孟加拉语版中选译的，其他的是从另外几本诗集中选译的或直接用英语创作的。这些诗的内容是写人类、爱情、苦难、死亡、自然、祖国等各种题材，带有浓厚的神秘主义、泛神论和泛爱色彩，基本倾向是颂神。但与宗教诗大相径庭，因为在这些诗里圣爱与人间的情爱和对大自然的爱结合到了一起。这些诗歌颂的神并非宗教之神，而是人格之神，是"不断以新生命来充满"理想之杯的、在人们"心中点燃理智之火的真理"之神。1919年英国人制造的阿姆利则惨案极大地刺痛了诗人的民族自尊心，他又回到民族独立运动之中。于是，他的诗歌创作也发生了很

大的变化，从内容到形式都给人耳目一新之感，显示出激情奔放的战斗风格。这个时期的诗集主要有《再次集》(1932)、《黑牛集》(1936)、《边沿集》(1938)和《新生》(1940)等。

小说 泰戈尔的长篇小说创作明显地分为早、中、晚三个时期：第一时期是1878—1885年，创作了《科鲁娜》(未完稿，1878—1879)、《王后市场》(1883)和《贤哲王》(1885)。这几部小说带有明显的讲故事的特点，算不上成功之作，只能说是作者的试笔之作。时隔18年之后，泰戈尔的长篇小说又开始问世，第一部是《眼中沙》

《泰戈尔诗选》中译本

（又译《小沙子》，1903），此后连续发表了《沉船》（1906）、《戈拉》（1910）、《四个人》（1915）和《家庭与世界》（1916）。《眼中沙》是他的第一部成功的长篇小说，主题是讲妇女，尤其是寡妇的不幸。《沉船》是一部杰出的作品，情节曲折生动，心理描写细腻，人物形象栩栩如生，表现了封建道德规范与新的婚姻观的冲突，歌颂了甘愿牺牲自己一切乃至爱情的崇高的人道主义精神。《戈拉》是泰戈尔长篇小说的代表作，反映了19世纪70—80年代印度社会生活中的复杂现象，歌颂了爱国的思想感情，表现了反对殖民统治的情绪；同时也表现了泰戈尔理想的宗教思想。后两部小说比前三部逊色，因此泰戈尔又中止了中长篇小说的创作。13年后他又连续发表了五部中长篇小说：《纠缠》《最后的诗篇》《两姐妹》《花圃》和《人生四谛》（又译《四章》）。其中，《最后的诗篇》不失为一部有特色的优秀作品。

在泰戈尔的近100篇短篇小说中有不少佳作，如描写少年寡妇不幸的《河边的台阶》（1884）、表现封建婚姻制度给妇女带来不幸的《莫哈玛娅》（1893）以及《喀布尔人》（1892）、《深夜》（1894）、《饥饿的石头》（1895）、《吉莉芭拉》（1895）等。泰戈尔的短篇小说形象鲜明，语言凝练，情景交融，富有诗意，情节发展带有传奇性。

戏剧　泰戈尔的戏剧情节并不复杂，但抒情味很浓，充满了象征和寓意；另一方面与音乐、舞蹈、歌曲等艺术的表演形式又有密切的关系。《暗室王》（又译《暗室之王》、《国王》，1910）便是一部具有很强象征性和哲理性的戏剧。暗室在剧中隐喻灵魂的黑夜；女主角则是把国王当作美与慈爱的神灵来追求。在这部戏剧中，作者试图表现人与自身的追求相和谐的问题。《邮局》（1912）中的国王代表神、真理、爱和美。晚期的著名舞剧《西亚玛》（1939）中的西亚玛是高级妓女，象征罪过与黑暗；而她的情人瓦杰拉桑则代表仁慈和光明。后期的代表作《摩克多塔拉》（1922）是反映现实的政治剧，依然采用某种象征的形式。除这些戏剧外，著名的戏剧还有《齐德拉》（1892）、《春之循环》（1916）和《南迪尼》（旧译《红夹竹桃》，1926）等。

哲学 泰戈尔的哲学思想承袭古代吠檀多不二论的传统，认为宇宙的本原是一种绝对存在，称为"梵""世界意识"或"无限人格"。反对传统吠檀多的世界虚幻说，认为物质世界不仅是真实的，而且按照自身的规律运动变化着。承认自然界和人类社会存在相互对立和矛盾的现象，但认为对立是暂时的、相对的，而统一与和谐才是永恒的、绝对的，并主张通过普遍之爱去调和社会和各种矛盾。主要哲学著作有《生命的亲证》《论人格》《创造的统一》《人的宗教》和《民族主义》等。

艺术 1912—1930 年间多次访问欧洲诸国，广泛涉猎西方现代哲学与艺术流派。1928—1930 年创作了大量无题画。1930 年在巴黎、慕尼黑、柏林、德累斯顿、莫斯科、芝加哥等地举行个人画展，轰动了世界艺坛。他的绘画充满了线条的变奏、色彩的交响和神秘主义的象征意味。代表作有《涂改》（约

1927）、《无题》（约 1928）、《两个形象》（1934）等。他还是一位天才作曲家，曾为成百上千首诗歌谱曲。

泰戈尔与中国 泰戈尔对中国怀有崇高的友情。他一贯强调印中两国人民应友好合作。1881年，年仅 20 岁的泰戈尔就写了著名的《死亡的贸易》一文，谴责英国向中国倾销鸦片毒害中国人民的罪行。1916 年，他在日本发表讲话，抨击日本军国主义侵略中国的行动。1924 年，他访问中国。1937年，日本帝国主义发动全面侵华战争以后，他一再发表公开信、谈话和诗篇，斥责日本帝国主义，支持和同情中国人民的正义斗争。生病弥留之际，他在病榻上还时时关怀中国人民的抗日战争。中国人民历来把他看成诚挚的朋友。中国人民尊敬他，也喜爱他的作品。中国作家郭沫若、郑振铎、冰心、徐志摩等人早期的创作，大多受过他的影响。自从 1915 年他的作品开始介绍到中国以来，几十年中翻译出版了他的很多作品，发表了很多介绍研究他及其作品的文章和著作。1961 年为了纪念他百岁诞

辰，中国出版了 10 卷本的《泰戈尔作品集》。2000 年近 1000 万字的 24 卷本《泰戈尔全集》与中国读者见面。

库　切

南非小说家。生于开普敦。1960 年赴伦敦从事电脑软件设计。1965 年到美国得克萨斯大学攻读文学博士，毕业后在纽约州立大学任教。后回到南非，在开普敦大学英文系任教。2002 年移居澳大利亚。自 1974 年起，先后出版了《幽暗土地》（1974）、《在国家中心》（1977）、《等待野蛮人》（1980，获布莱克纪念奖）、《迈克尔·K 的生活和时代》（1983，获英国文学布克奖）、《仇敌》（1986）、《铁的时代》（1990）、《圣彼得堡的大师》（1994，获《爱尔兰时报》国际小说奖）、《耻》（1999）、《青春》（2002）、《伊丽莎白·科斯泰洛：八堂课》（2003）等多部小说。小说《等待野蛮人》讲述一个行政长官爱上了流浪的蛮族姑娘，因而沦落为阶下囚，最终完成灵魂救赎的主题。《迈克尔·K 的生活和时代》以内战后的南非为背景，讲述一个身份缺失的小人物如何陷入被关押和逃离的循环中。《圣彼得堡的大师》背景在俄罗斯，以主人公陀思妥耶夫斯基调查继子之死展开故事。《耻》描写了一位教授在与他的学生发生性关系后感到内疚并丢掉工作之后的命运。这位教授后来到一个农场与他的女儿生活在一起。但在那里他们遭到了袭击，他的女儿被强奸了。作品为他再次赢得英国布克奖，使库切成为唯一的一位两次获布克奖的作家。库切的作品大都以南非的殖民地生活和各种冲突为背景，多描绘死亡和暴力给这个世界带来的凄凉与冷漠，构思纤美精巧，分析精辟入微。他是英语文学中获奖最多的作家之一。2003 年因小说"精准地刻画了众多假面具下的人性本质"获诺贝尔文学奖。

塔哈·侯赛因

埃及作家、文艺批评家、学者。生于上埃及马加加农村，卒于开罗。家境贫困，两三岁时双目失明。13岁赴开罗，入爱兹哈尔大学接受伊斯兰传统文化教育。1908年入开罗大学，学习历史、文学和外语。1914年毕业，获开罗大学第一个博士学位。不久赴法国留学，先后在蒙彼利埃大学和巴黎索邦学院研读希腊罗马历史、哲学、语言和文学，兼攻欧洲特别是法国近现代文学。1918年获巴黎大学博士学位。1919年回国，任开罗大学教授。自1928年起数度任文学院院长。40—50年代初担任教育部艺术顾问、亚历山大大学校长、教育大臣。1956年被选为埃及作家协会首任主席，并任埃及政府关注文学艺术和社会科学最高委员会主席。1959年获国家文学表彰奖。1964年担任阿拉伯语言学会会长。

塔哈·侯赛因在大学时期开始文学创作，博士论文《纪念阿布·阿拉》（1914）和《伊本·赫勒敦及其社会哲学》（1918），奠定了他在文坛的地位。20年代前后，主要从事教学及欧洲文学特别是希腊和法国文学的翻译介绍工作，并不断发表文学评论和文学史研究文章。1926年发表《论贾希利叶（蒙昧）时代的诗歌》，根据欧洲人文主义者的理性主义、思想自由和大胆怀疑等原则，对伊斯兰教出现前的阿拉伯诗歌进行考证和分析，受到保守派的围攻，书一度被查禁。此后他出版了《星期三谈话》（1925—1926）、《哈菲兹与邵基》（1933）《谈诗和散文》（1936）、《关于我们的现代文学》（1958）等论著。这些著作肯定了阿拉伯文学在世界文学中的地位，强调向古代文学和外国文学学习的必要性，注意通过生活和社会环境的分析来研究作家和作品，主张以理智和逻辑来代替传统的偏见。

自传体作品《日子》是他的代表作，共3卷，先后发表于1929、1939、1962年。这部作品的语言和

风格被认为是当代阿拉伯散文文学的典范。

他的中、长篇小说比较重要的有《鹬鸟的唤声》（1934）、《一个文人》（1935）、《苦难树》（1944）等。短篇小说集有《大地受难者》（1948），反映了埃及劳动者的苦难。宗教历史小说有《先知外传》（3卷，1929，1942，1943）、《真实的诺言》（1948）等。50年代还写出一批伊斯兰历史人物传记，试图在伊斯兰圣哲身上和教义中发现"社会主义因素"。此外还有散文通讯集《来自远方》《巴黎之声》等。

聂鲁达

智利诗人。原名内夫塔利·里卡多·雷耶斯·巴索阿尔托。生于智利中部的帕拉尔城，卒于黑岛（一说圣地亚哥）。早年丧母，1906年迁居智利南部的特木科镇。父亲是一名铺路司机。在特木科读中学

时开始写作。1917年7月在特木科《晨报》发表题为《热情与恒心》的文章，署名内夫塔利·雷耶斯，是诗人第一次发表作品。此后，他不断使用不同的笔名在首都和家乡的学生刊物上发表习作。1920年起，正式使用巴勃罗·聂鲁达的笔名。1921年3月，到圣地亚哥教育学院学习法语。不久，诗《节日之歌》在智利学生联合会举办的文学竞赛中获得一等奖。1923年出版第一部诗集《黄昏》，第二年成名作《二十首情诗和一支绝望的歌》问世，引起智利文学界的瞩目。不久又发表诗集《奇男子的引力》（1925）、《戒指》（1926）和小说《居民及其希望》（1926）。从1927年起，在外交界供职，先后任智利驻仰光（1921）、科伦坡（1928）、雅加达（1930）、新加坡（1931）、布宜诺斯艾利斯（1933）、巴塞罗那（1934）、马德里（1935—1936）的领事或总领事。在马德里期间，主办了《绿马诗刊》。这时期的主要诗作是《大地上的居所》。第1卷发表于1933年，反映"一个移植到狂烈而又陌生的土地上的外来人

的寂寞"。第2卷发表于1935年，色彩已经较以前鲜明。1936年6月，西班牙内战爆发。他坚定地站在西班牙人民一边，参加了保卫共和国的战斗。为此，智利政府要他离职。诗人怀着极大的愤怒与痛苦回到自己的祖国。1937年发表不朽的诗篇《西班牙在心中》。然后奔走于巴黎和拉美之间，呼吁各国人民声援西班牙人民的反法西斯斗争。1939年3月被任命为驻巴黎专门处理西班牙移民事务的领事，竭尽全力拯救集中营里的共和国战士，使数以千计的西班牙人来到拉丁美洲。反法西斯战争的洗礼改变了聂鲁达的诗风。他决定将更多的精力放在诗歌创作上。1940年8月到墨西哥城就任总领事，并访问了美国、危地马拉、巴拿马、哥伦比亚、秘鲁等国家，写下许多著名的诗篇。在此期间，第二次世界大战战事正酣，苏联人民正在与希特勒法西斯浴血奋战。聂鲁达到处演说，呼吁人们援助苏联人民的卫国战争。《献给斯大林格勒的情歌》和《献给斯大林格勒的新情歌》就是这个时期的作品。1943年11月，聂鲁达回到圣地亚哥。不久，在黑岛买下了一处别墅，着手创作他最重要的诗作《漫歌》。

《伐木者醒来吧》插图

1945 年是聂鲁达的一生中难忘的一年：他当选为国会议员，获得了智利国家文学奖，并于同年加入了智利共产党。1946 年智利共产党被宣布为非法组织，大批共产党人被投入监狱。聂鲁达不得不中止《漫歌》的创作。他的住宅被放火焚烧；他本人也遭到反动政府的通缉，从此被迫转入地下，辗转在人民中间，继续从事创作。在此期间，他完成了《1948 年纪事》和《漫歌》两部长诗的创作。

1949 年 2 月他离开智利，经阿根廷去苏联，并到巴黎参加世界和平大会。此后他到过欧、亚、美的许多国家，积极参加保卫和平运动，并继续从事诗歌创作。1950 年获得加强国际和平奖。1951—1952 年暂居意大利，其间曾到中国访问。1952 年 8 月智利政府撤销对他的通缉令，人民以盛大的集会和游行欢迎他的归来。回国后过了几年比较安定的生活，完成了《元素的颂歌》（1954）、《元素的新颂歌》（1956）和《颂歌第三集》（1957）。1957 年当选为智利作家协会主席。20 世纪 60 年代以后，国际政治风云的变幻，个人生活条件的优越，不能不对他的创作灵感产生影响。然而在迷惘、消沉和空虚的同时，诗人从未停止对人生和自然的探索；在一个"历尽沧桑"的诗人的心灵中，希望之光是不会泯灭的。1969 年 9 月，他接受了智利共产党总统候选人的提名。这次竞选只是促成人民联盟各党派携手合作的一种策略。当人民联盟推举阿连德·戈森斯为共同候选人之后，聂鲁达立即退出竞选，支持阿连德直至取得最后胜利。在此期间，聂鲁达的诗作有《爱情十四行诗 100 首》（1959）、《英雄事业的赞歌》（1960）、《智利的岩石》（1961）、《典礼的歌》（1961）、《全权》（1962）、《黑岛纪事》（1964）、《鸟的艺术》（1966）、《沙滩上的屋子》（1966）、《船工号子》（1967）、《白天的手》（1968）、《世界的终结》（1969）、《还有》（1969）、《烧红的剑》（1970）、《天石》（1970）、《海啸》（1970）、《无用的地理学》（1972）、《孤独的玫瑰》（1972）以及政治诗《处死尼克松和赞美智利革命》（1973）等。1971 年 4 月被阿连德政府任命为驻法国大使，同年 10 月获诺贝尔文学奖。1973 年 9 月 11 日智利发生军事政变，阿连德总统殉职。同年 9 月 23 日，聂鲁达辞世。聂鲁达逝世以后，人们又出版了他的诗集《冬天的花园》《2000 年》《黄色的心》《疑难集》《挽歌》《海与神》《挑眼集》，以及回忆录《回首话沧桑》，散文集《我命该出世》等。1980 年，西班牙巴塞罗那还出版了他少年时代的诗文集《看不见的河流》。聂鲁达的作品之所以能长期受到广大读者的欢迎，是因为他是写人民的。尤其在进入成熟期之后，他所描写的都是时代的重大题材，如西班牙内战、智利人民的斗争、苏联人民的卫国战争、拉丁美洲争取民族独立的斗争、各国人民保卫世界和平的斗争等。在将政治生活转化为诗歌的过程中，他注意保持语言和形象的艺术魅力，将现实的政治内容与他所熟悉的各种艺术形式结合起来，完美无瑕，酣畅淋漓，令人叹服。

巴尔加斯·略萨

秘鲁作家。生于阿雷基帕市。少年时在玻利维亚求学。回国后于 1950—1952 年在莱昂西奥·普拉多军事学校学习。1957 年毕业于圣马科斯大学语言文学系。1958 年以短篇小说《挑战》获得法国刊物举办的秘鲁短篇小说征文奖，得以去法国旅行。同年在马德里中央大学攻读，获博士学位。1959 年赴巴黎进修文学，并结识拉丁美洲几位著名的作家。1960 年开始创作第一部长篇小说《城市与狗》（1963），获西班牙"简明文库"文学奖。1965 年出版长篇小说《绿房子》，反映秘鲁原始森林和海滨城市的生活，1966 年获西班牙文学批评奖。1967 年被授予秘鲁全国小说奖；1968 年获委内瑞拉"罗慕洛·加列戈斯"国际文学奖。创作的长篇小说还有《大教堂中的谈话》（1970）、《潘达雷翁上尉与劳军女郎》（1973）、

《胡莉娅姨妈与作家》（1977）。此外，还创作了一些中短篇小说、散文和文学评论。1976 年 8 月在第 41 届国际笔会代表大会上被推选为主席。这是拉丁美洲的作家第一次担任这个职务。巴尔加斯·略萨提倡"不妥协"的文学，主张"文学要抗议，要控诉，要批判"；他的笔锋常指向独裁统治、教会和贪赃枉法的官僚。在创作方法上，保持了现实主义的某些传统手法，同时又吸收现代派意识流中的一些技巧，对小说的结构进行改革，故有结构现实主义之称。20 世纪 80 年代以后，又创作《世界末日之战》（1981）、《顶风破浪》（1983）、《狂人玛依塔》（1984）、《谁杀死莫雷诺》（1986）、《叙事人》（1987）、《继母颂》（1988）、《利图马在安第斯山》（1993）、《水中鱼》（1993）、《情爱笔记》（1996）、《元首的节日》（2000）、《他街的天堂》（2003）等。1994 年 3 月 24 日当选为西班牙皇家语言学院院士。1995 年 4 月 23 日获塞万提斯文学奖。

博尔赫斯

阿根廷诗人、小说家和散文作家。生于布宜诺斯艾利斯一个具有英国和阿根廷血统的家庭，卒于瑞士日内瓦。祖母是英国人。受祖母和爱好文学的父亲的影响，博尔赫斯从小学习英语，阅读了大量的欧美文学名著。第一次世界大战期间，随父母去欧洲，在日内瓦学习，接触了欧美文学新潮，并开始写诗。以后去西班牙，参加了极端主义诗歌运动。1921 年返回布宜诺斯艾利斯，进行诗歌创作，并创办文学刊物。1923 年又一次访欧，发表第一部诗集《布宜诺斯艾利斯的热情》，随后发表《面前的月亮》（1925）、《探索》（1925）、《我的希望的大小》（1926）、《阿根廷人的语言》（1928）、《圣马丁的手册》（1929）、《埃瓦里斯托·卡列戈》（1930）、《争论》（1932）、《肯宁加尔人》（1933）等多部诗集和散文集。1935年发表第一部短篇小说集《世界恶行史》。在随后发表的《交叉小径的花园》（1941）、《虚构集》（1944）、《阿莱夫》（1949）、《死亡与罗盘》（1951）等几部小说集中，他以新奇的构思、幽默的语言和深沉的哲理，创造了一个崭新的文学世界。1961年被授予"福门托"文学奖，奠定了他在世界文坛的地位。从此，他获得多种文学奖，其中包括阿根廷国家文学奖（1956）、墨西哥阿方索·雷耶斯国际文学奖（1972）、塞万提斯文学奖（1979），以及除诺贝尔文学奖以外的几乎所有的重要国际文学奖项。他还被哈佛、剑桥等许多知名大学授予名誉博士称号。1955年庇隆政府下台后，他被新政府任命为阿根廷国家图书馆馆长。由于遗传方面的原因，50年代双目已近失明，但文学创作活动未受丝毫影响，继续从事文学创作，并多次应邀前往欧美大学讲学。他的主要作品还有短篇小说集《布罗迪埃的报告》（1969）、《沙之书》（1974）和诗集《阴影赞》（1968）、《老虎的金子》、《深沉的玫瑰》（1974）、《数字》（1980）和散文集《密谋者》（1984）等。

博尔赫斯是一位思想深邃、学识渊博的作家。他将渊博的知识、丰富的想象力和清晰的思辨能力结合在一起，形成了具有强烈个性的博尔赫斯风格。博尔赫斯的短篇小说、散文、诗歌的创作是一个整体。它们相互说明、相互补充，不少诗歌也是含义深刻的散文。这种消解各种不同文学体裁的界限的做法，正是后现代的一个显著特点。他以评论取代叙述，将虚构变成真实，使读者成为作者。博尔赫斯的作品有意识地从理论与实践两个方面对此进行分析与论证，并用自己广博的知识和丰富的想象力，让读者在享受文学的美的同时，对文学理论进行更深入的思考。他对古今各种哲学体系颇有研究，对哲学上的"时间"、"空间"、"循环往复"、"永恒"、事物的两重性、多样性等概念尤感兴趣，他的许多作品都反映了在这方面的研究与思考。博尔赫斯的小说不以故事情节见长，善于运用象征手法，表达自己对世界对事物的看法。作品对欧美作家有深远影响。他的短篇小说在20世

纪 40 年代被译成英文在美国发表。1964 年著名评论家保尔·德·曼在《纽约时报》的书刊版上第一次将他称为"现代的导师"。从此，博尔赫斯成为当代的经典作家。

吉马朗埃斯·罗萨

巴西作家。生于米纳斯吉拉斯州的科迪斯堡。出身于富有的庄园主家庭。早年在里约热内卢学医。1932 年参加瓦尔加斯政府的军队任军医。1934 年被派驻德国汉堡任领事，曾庇护受到法西斯迫害的犹太人。1942 年巴西对德宣战，被囚于巴登－巴登，直至战争结束。后被派往哥伦比亚和巴黎担任外交职务。回国后在外交部任职，并从事创作。他早年创作诗歌，诗集《岩浆》（1936）获巴西文学院一等奖。著名的短篇小说集《萨加拉纳》（1946）描写巴西腹地的风俗人情和自然环境，现实和幻想融为一体，腹地不仅是环境，而且成为主宰人们活动的力量。《广阔的腹地：条条小路》（1956）是他的成名之作，以腹地的土匪生活为题材，写里奥巴尔多为了向土匪头目拉米罗报复杀父之仇，成为另一匪帮的首领。他的伙伴迪亚多林战死，才发现她女扮男装，原是拉米罗遗弃的女儿，她生前已向他表示了爱情，而他却毫未发觉。作品以细腻的内心活动与粗犷的盗匪行径做对比，大量运用腹地民间的口语，气氛强烈，形象鲜明，与巴西地区主义小说的沉闷而单调的风格大为不同。1956 年出版的《舞蹈团》，收入 7 篇短篇小说，也以地区色彩和人物的内心活动为特色。短篇小说集《初期的历史》（1962）更偏重于幻想和象征的描写。

加西亚·马尔克斯

哥伦比亚作家。生于马格达莱纳省的阿拉卡塔卡镇。父亲是私生子，当过报务员，肄业于卡塔赫纳大学医学系。童年在外祖父家度过。外祖父是自由党退役上校，参加过哥伦比亚1899—1902年的"千日内战"；外祖母一生笃信鬼神。少年时期在巴兰基利亚和波哥大等地接受教育。1947年迫于家庭压力考入波哥大大学法学系。翌年辍学，从事新闻工作。先后为《观察家报》《宇宙报》和《先驱报》撰稿，同时开始文学创作。早期作品多为短篇小说并受卡夫卡、海明威、福克纳等人影响，有明显的模仿痕迹。1955年出版中篇小说《枯枝败叶》，几乎没有引起反响。同年7月，长篇报告文学《水兵贝拉斯科历险记》在《观察家报》连载，揭露哥伦比亚海军利用军舰走私家电导致舰毁人亡的惨剧，使得舆论大哗，朝野震惊。为逃避军政当局的迫害，以《观察家报》驻外记者身份飞抵日内瓦，后辗转至罗马并在意大利电影艺术学院进修。不久，《观察家报》被查封，刚到巴黎便开始了流亡生涯，但仍坚持写作。先后完成中篇小说《恶时辰》和《没有人给他写信的上校》。1957年6—9月，随哥伦比亚民间艺术团访问苏联及东欧诸国。嗣后经伦敦返回拉丁美洲，就职于加拉加斯《瞬间》杂志社。1959年，应古巴革命政府之邀，随拉丁美洲新闻工作者代表团出席哈瓦那公审独裁者大会。会后以古巴"拉丁通讯社"记者的身份回哥伦比亚筹建波哥大分社。1961年携家移居墨西哥。《没有人给他写信的上校》出版并获得好评。《恶时辰》虽然夺得埃索小说奖，但因"淫词秽语"而遭出版社拒印。

1965年开始创作长篇小说《百年孤独》。1967年，小说在阿根廷南美出版社出版并大获成功，一月之内重印4次，还很快被翻译成各种文字并风靡全球，不但奠定了

他在世界文坛的地位，而且给他带来各种荣誉和巨额收入。1967年10月，举家迁至巴塞罗那，潜心创作长篇小说《家长的没落》。其间，发表一系列短篇小说。1973年9月，智利陆军司令皮诺切特发动军事政变，民选总统阿连德·戈森斯以身殉国。加西亚·马尔克斯义愤填膺。两年后，《家长的没落》在西班牙出版并引起轰动。这是一部反独裁小说，手法夸张，结构奇崛。小说分6章，每一章都由独裁者之死敷衍开来，以第一人称复述叙述独裁者的一生。通篇只用逗号和句号，有时甚至是一逗到底。此后，他宣布搁笔罢写，并在一份致智利军人政权的抗议书上签字。1979年，撰文讴歌尼加拉瓜桑地诺民族解放阵线，同时积极投身哥伦比亚的民主革命运动。1981年，由于接触"M-19"等反政府武装而受到哥伦比亚当局的通缉，以致不得不进入墨西哥使馆要求政治避难。同年发表中篇小说《一件事先张扬的凶杀案》。小说以30年前发生在作者身边的一桩凶杀案为背景，用新闻报道般的简洁笔法展示

拉丁美洲的落后和野蛮。1982年，由于"他的小说以十分丰富的想象，打破了现实与梦幻的界限，反映了整个大陆的矛盾和命运"，被瑞典文学院授予诺贝尔文学奖。这进一步扩大了他的影响。1983年，几乎完全被各种奖金、桂冠、会议和社交活动所吞没。1984年他隐居在卡塔赫纳创作长篇小说《霍乱时期的爱情》。一年后，这部小说在哥伦比亚、墨西哥、西班牙等20多个国家同时发行。作品写一个男人和一个女人的爱情故事，他们20岁时没能结婚，因为他们太年轻；历尽人生磨难之后，到了80岁也没能结婚，因为他们太老了。围绕这一主线，作品描写了各式各样的男女关系和爱情纠葛，手法接近于传统现实主义。

20世纪80年代末，他出任拉美电影基金会主席。《一件事先张扬的凶杀案》和《百年孤独》分别由西方著名导演搬上银幕。1989年创作长篇历史小说《迷宫中的将军》。作品写拉丁美洲的"解放者"西蒙·玻利瓦尔生命中的最后一段时光，其时他众叛亲离，走投

无路，完全陷入孤独和绝望的境地。作品着力刻画玻利瓦尔作为凡人的一面，从而重构了玻利瓦尔的传统形象。拉美文史学界对此褒贬不一。90年代初发表的《十二篇异国旅行的故事》（1992）和中篇小说《爱情及其他魔鬼》（1994）因大都建立在过去的电影脚本的基础之上，发行业绩平平，而且遭到不少读者的非议。而1996年，长篇纪实小说《绑架逸闻》的出版再次引起震动。作品以1933—1994年间发生在哥伦比亚的一系列绑架案为契机，紧紧围绕贩毒和恐怖这两个令全世界关注和震悚的"世纪末毒瘤"，巧妙地提出了一系列令人深思的问题，如什么是人道、哪里是革命行动和恐怖主义的界限、怎样才能实现世界和平和社会公正等。他的其他主要作品有短篇小说集《蓝宝石般的眼睛》（1955）、《格兰德大妈的葬礼》（1962）、《纯真的埃伦迪拉及其残忍的祖母——一个令人难以置信的悲惨故事》（1972）和电影文学剧本《死亡时刻》（1964）、自传《活着为了讲述生活》（2002）、中篇小说《风流往事》（2004）等。

加西亚·马尔克斯主张文学反映现实，他和他所代表的拉丁美洲魔幻现实主义对20世纪最后20年的中国文学影响很大。他的主要作品，如《百年孤独》《霍乱时期的爱情》《一件事先张扬的凶杀案》等，在中国拥有大量读者。

怀　特

澳大利亚小说家、剧作家。生于英国。在英国剑桥大学皇家学院攻读现代语言，深受欧洲文化的影响。第二次世界大战期间在英国皇家空军情报部门工作5年。1948年回到澳大利亚定居，经营农牧场，后专门从事写作。

怀特自幼对文学有浓厚兴趣，在剑桥时期喜爱戏剧并开始写诗。这些诗于1935年汇集为《农夫和其他诗》出版。1939年和1941年出版的《幸福谷》和《生者与死

者》并未在评论界引起注意。战后发表的《姨母的故事》（1948）是一部有特色的小说，在美国得到好评。他的成名之作则是描写一个拓荒者家庭变迁的《人类之树》（1955）和刻画19世纪上半叶企图横跨澳大利亚大陆的德国探险家的《沃斯》（1957）。在60年代，怀特在继续发表长篇小说的同时，还创作短篇小说和剧本。1973年发表著名小说《暴风眼》。同年，获得诺贝尔文学奖奖金，成为第一个获得这项奖金的澳大利亚作家。他先后发表过11部小说，2册短篇小说集，6部剧本和1部自传。他的作品被译为多种文字，在国际上享有盛誉。

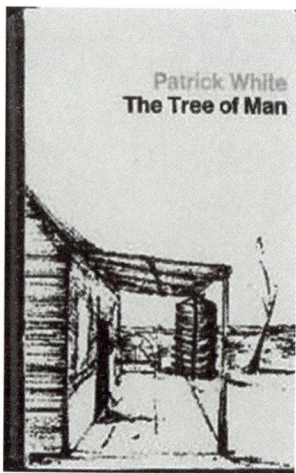

《人类之树》封面

怀特早期受作家劳伦斯、乔伊斯等人的影响，曾广泛使用"意识流"的写法。以后则逐渐形成独特的风格。他的小说不以情节取胜，而着重人物的塑造和心理刻画。他所选取的人物大多是与现代社会格格不入、性格孤僻的人，或是被社会所遗弃、走投无路的人。通过对人物的剖析，深入探索人生的真实含义。他的作品有明显的神秘主义、象征主义及现代心理学派的影响，同时常隐含着对现实社会的批评和嘲弄。

怀特对澳大利亚文学的传统写法并不赞同，他认为现实主义的小说远离艺术，而小说应该提高生活，给人以启示，不应只记录人们早已熟知的事情。他认为艺术的真实应不同于生活的真实。他在写作风格上与多数澳大利亚作家大相径庭，无论在句法或用词上都具有鲜明的特色。他的剧作也一反澳大利亚戏剧的现实主义传统，对新的形式进行了大胆的尝试。对怀特的评价曾有过争论，对他的写作风格也曾经有人批评，但是评论家一致认为怀特是一位富有独创性而且卓有成就的作家。他的创作曾影响过小说家伦道夫·斯托。

怀特在澳大利亚文艺界有相当的影响，近几年来多次发表公开讲话，对一些社会现象提出批评；在艺术方面，他赞助一些年轻的画家；在文学创作方面，他捐出所得诺贝尔文学奖金，建立了怀特文学奖金。